「科学的」人事の衝撃

HRテックで実現する マーケティング思考の人事戦略

三室克哉　鈴村賢治　中居隆
株式会社プラスアルファ・コンサルティング

東洋経済新報社

はじめに

企業が抱えている悩みのほとんどは「人」に起因している。

企業は「人」の集合体だ。戦略を策定するのも「人」なら、それを実行に移すのも「人」、成果をあげるのも「人」である。個々の能力や経験、希望を踏まえた最適配置を行い、各自がそこでパフォーマンスを最大限に発揮すれば、売上は上がり、収益はアップし、会社は成長曲線を描いていく。

逆に、適材適所が思うように進まず、企業が個々の社員のポテンシャルを活かすことができなければ、組織としてのパフォーマンスは下がり、業績も下がる。人手不足の昨今、そうした会社では新規採用もままならない。社員の定着率も下がり、全体の士気も落ちていく。

多くの企業がいまこうした問題に直面し、活路を模索している。いったいどのようにしたら「人」を活かすことができるのか。そもそも人事はどうあるべきなのか。

本編でも述べているが、弊社も例外ではなかった。

プラスアルファ・コンサルティングは2006年に設立してから数年後、100人を超えたあたりで、ある日突然、「ほかにやりたいことがある」といって社員から退職を切り出されるケースが増えていった。ほとんどの場合、離職の予兆をまったく感じていなかったため、退職の申し出を受けたときの打撃は甚大だった。

もっと早い段階で社員の変化に気づいていれば、先に手を打てたのではないか。優秀な社員を手放さずに済んだのではないか。モチベーションを維持する方法はあったのではないか。

そうした痛烈な後悔と反省がきっかけになって生まれたのが、人材情報を蓄積・分析して社員を見える化し、人事の課題解決を図るHRテック、「タレントパレット」だ。

設立以来、私たちは情報の見える化を起点に、付加価値の提供を行ってきた。顧客の声からソーシャルメディアまで膨大な量のテキスト情報をテキストマイニングで可視化し、商品開発やサービス向上に役立つサービスを提供してきた。こうした顧客一人ひとりを把握するマーケティングの思考とテキストマイニングなどの分析技術を採り入れたのが「タレントパレット」である。

「タレントパレット」を開発し、多くの企業に提供していく上で改めて痛感したのが、日本の企業の多くが旧態依然の人事管理にとどまっているという現実だ。人手不足やグローバル化、業界再編が進む中、人材の活用が待ったなしと経営層が危機感を持つ一方で、社内の人材情報は散在し、いまだに人材活用をExcelに依存している。そうした人事を取り巻く環境が採用のミスマッチを起こし、社員の定着率を下げ、最適配置を妨げている。結果、生産性が落ち、収益がダウンし、ますます人材の確保を難しくしている。

この悪循環を抜け出すための唯一の方法が、人材活用に科学的な視点を採り入れ、社員を正確に見える化することだ。人材情報を蓄積し、分析し、活用できる科学的人事プラットフォームを構築する以外に、企業が生き残りをかけた人事戦略を実現する道はない。

本書では、第1章で企業を取り巻くマクロな状況を紹介し、第2章では科学的人事が具体的に何を意味するのかを解説した。そして、第3章では、これまでの人事管理の手法ではなかなか実現できなかったマインドやスキル、モチベーションといったデータを使った科学的な分析手法を、第4章では育成や最適配置、離職防止といった目的別に、科学的人事の実践方法について解説している。そして第5章で、科学的人事を成功させる秘訣について紹介した。

読み進めるうちに、人事でこのようなことが可能なのかと驚かれるに違いない。衝撃を受ける方も多いはずだ。しかし、それこそが科学的人事戦略のポテンシャルだ。

人材の最適配置や離職防止、育成などを科学的かつスピーディーに意思決定していくためには人事はいま何をすべきか。最新の「HRテック」を、どのような考え方で活用していくべきなのか。自社の人材活用を進める上で本書が参考になれば幸いである。

目次

第5章 科学的人事を成功させる秘訣

第1章

人事戦略の転換点に立っている

産業界を覆う人手不足の暗雲

日本の産業界はいま、人事戦略の大きな転換点に立たされている。これから必要となってくるのはＩＴと人材データを活用した科学的な人材活用戦略だ。人材のパフォーマンスを最大化するために、マーケティング視点を採り入れた科学的な人事戦略の重要性がかつてないほど高まっている。

なぜ、いま科学的な人事戦略が求められているのだろう。以下、その要因を挙げていこう。

２０１８年12月現在、日本は好景気だとされている。日本銀行の全国企業短期経済観測（日銀短観）の12月調査では、大企業製造業の業況判断（D.I.）は前回９月調査から横ばいとなったものの、堅調な景況感が確認された。

とりわけサービス業の伸びは好調だ。２０１８年の訪日客はついに３０００万人の大台を突破し、インバウンド消費は拡大を続けている。日本経済新聞社がまとめたサービス業の業況調査を見ると、２０１８年度に増収を見込んでいるのは35業種中34業種。少子高齢化や共働きが進行する中、保育サービスや有料老人ホーム、家事支援などの利用も順調に伸びてい

図表1-1　企業は高水準の設備投資を続ける計画（国内投資の増減率、前年度比）

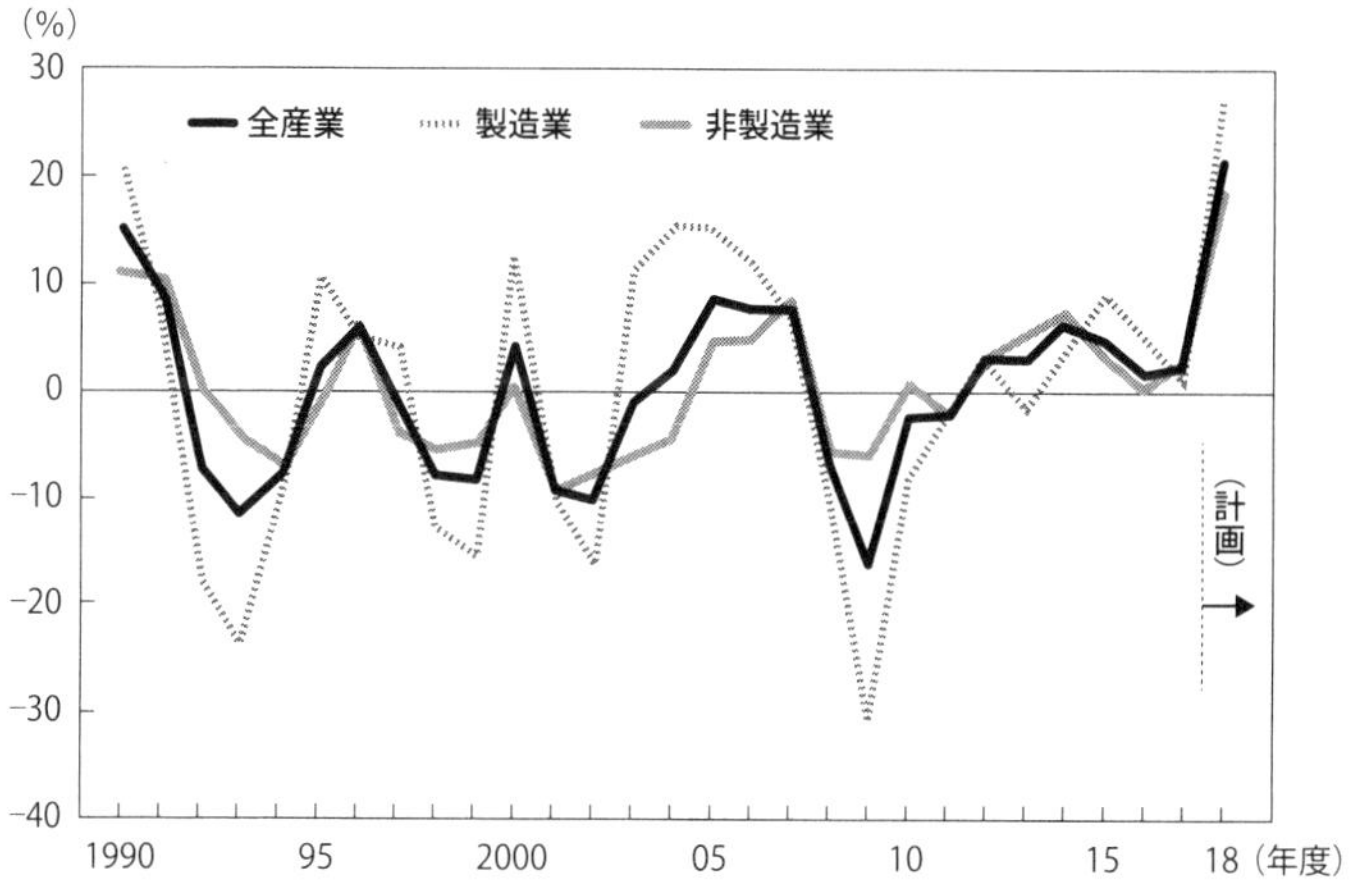

（出所）『日本経済新聞』2018年8月1日付

る。日本政策投資銀行の発表では、全産業の設備投資計画も38年ぶりの高水準の伸び率を記録した（図表1-1）。

しかしながら、先行きを見据えると不安材料が山積していると言わざるを得ない。一番の懸念材料は人手不足だ。

2018年4月の日銀短観を見ると、約4割の業種で人手不足の度合いを示す指標が過去最悪の数字を記録した。とりわけ深刻なのが、インバウンド需要が好調に推移している「宿泊・飲食サービス」業。ネット通販の市場が拡大し、急激に需要が増えている「運輸・郵便」も同様だ。ドライバー不足は解決するどころかますます深刻化し、「建設」も過去最低でないとはいえ、依然、低い水準が続いている。

製造業も例外ではない。鉄鋼業、金属製品、輸送用機械など大半の業種が「技能人材」の不足に悩み、その傾向は中小企業ほど著しい。人生100年時代といわれながら、いまだに65歳定年制を敷く企業が多く、技能を持ったシニア人材の掘り起こしや活用も進んでいるとはいいがたい。

景気自体は悪くない。需要もさらなる伸びが予想される。にもかかわらず人材不足という暗雲が日本の産業界全体に立ち込めて未来を暗く染めている。それが日本の産業界の現実だ。

離職率の高さと採用難に苦しむ企業

時間とコストを投入し、ようやく採用にこぎつけたと思ったらすぐに退職されてしまった――。離職率の高さに苦しむ企業が増えている。

2018年の厚生労働省の調べによれば、2015年3月に高校・大学等を卒業して就職した新卒者の卒業後3年以内の離職状況は、高卒者が39・3%、大卒者が31・8%。3年以内に約3人に1人が辞めてしまう状況である。

産業別に大卒者の離職率を見てみると、「宿泊業・飲食サービス業」が最も高く、49・7%。

図表1-2　求人総数および民間企業就職希望者数・求人倍率の推移

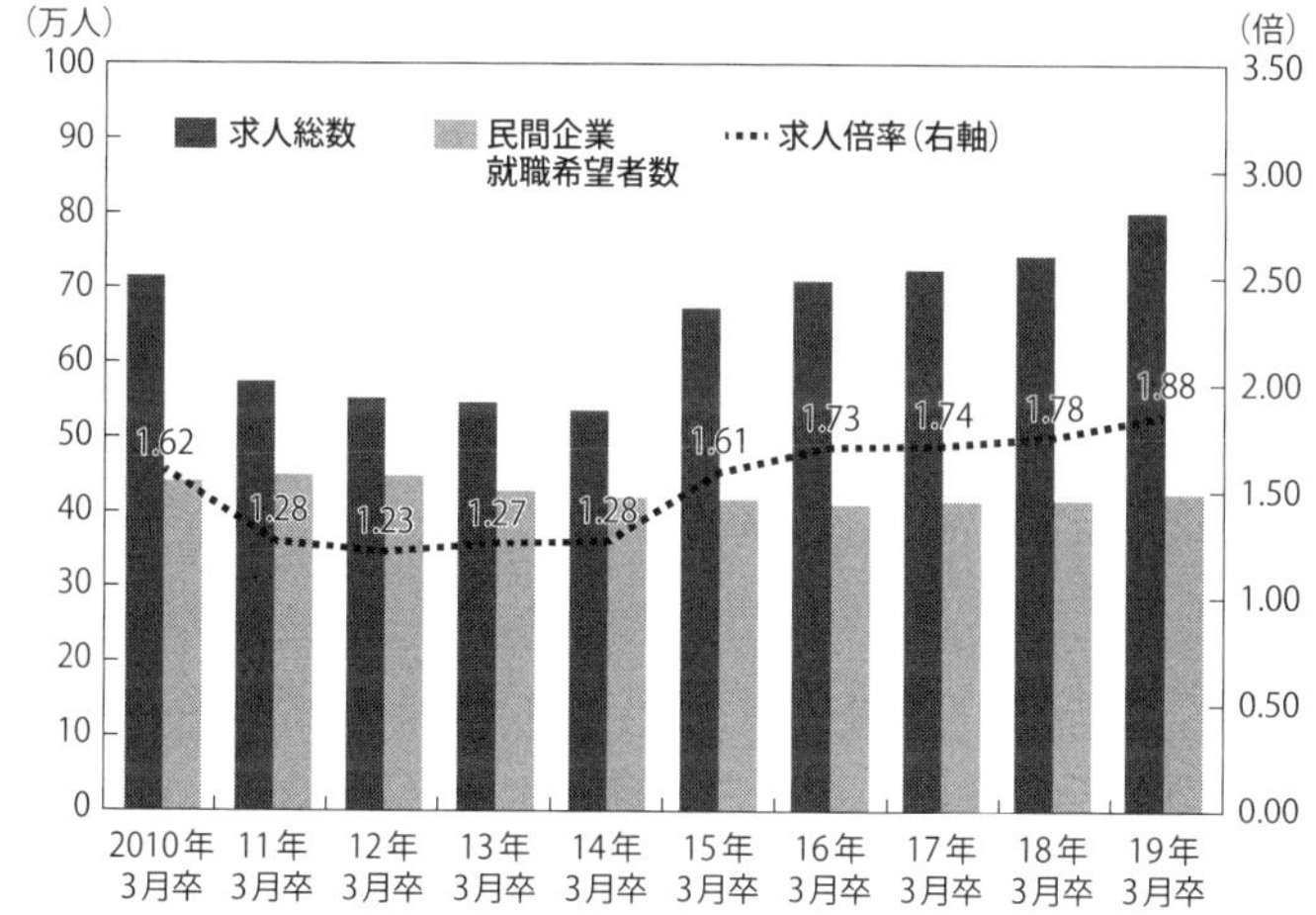

（出所）リクルートワークス研究所『第35回 ワークス大卒求人倍率調査（2019年卒）』

以下、「教育・学習支援業」46・2%、「生活関連サービス業・娯楽業」45・0%、「医療、福祉」37・8%、「小売業」37・7%と続く。

携帯電話販売店が定休日を導入し営業時間を短縮して、4割におよぶ離職率の改善に取り組んでいるというニュースを耳にしたことはないだろうか。あれは氷山の一角であり、離職問題に苦しんでいるのは携帯のショップばかりではないのである。

離職者が多いこともあり、求人倍率は高く、現在の日本の就職前線は鮮明な「売り手市場」が続いている。2019年3月卒の大卒求人倍率は1・88だ（図表1-2）。

また、株式会社ディスコの調査によると２０１９年の新卒採用は８月１日時点で内定率が85・５％、就職活動を終了したのは全体の78・５％という結果だった。

求人総数は約80万人、民間企業就職希望者数は約43万人。数字上は学生が入社する会社を選ばなければという条件付きとはいえ、「売り手市場」であることは明らかだ。

大企業に限っていえば、従業員５０００人以上の企業は常に求人倍率１・０未満となっているが、３００人未満の企業では長く３・０以上の求人倍率が続いている。日本における中小企業は全体の99％。つまり、買い手市場なのはほんの一部の大企業に過ぎず、ほとんどの企業は超売り手市場に立たされ、採用難に苦しんでいることがおわかりいただけるだろう。

かさむ採用コスト

職業別の求職状況を見てみよう。

厚生労働省が毎月発表している一般職業紹介状況でも、「生活関連サービス業・娯楽業」や「医療、福祉」は有効求人倍率が高く、医師や薬剤師の有効求人倍率は４・37倍、家庭生活支援サービスは５・11倍、介護サービスは４・18倍、飲食物調理は３・29倍、接客・給仕は３・92倍となっている（２０１８年10月）。

図表1-3　有効求人倍率　5倍以上の職業

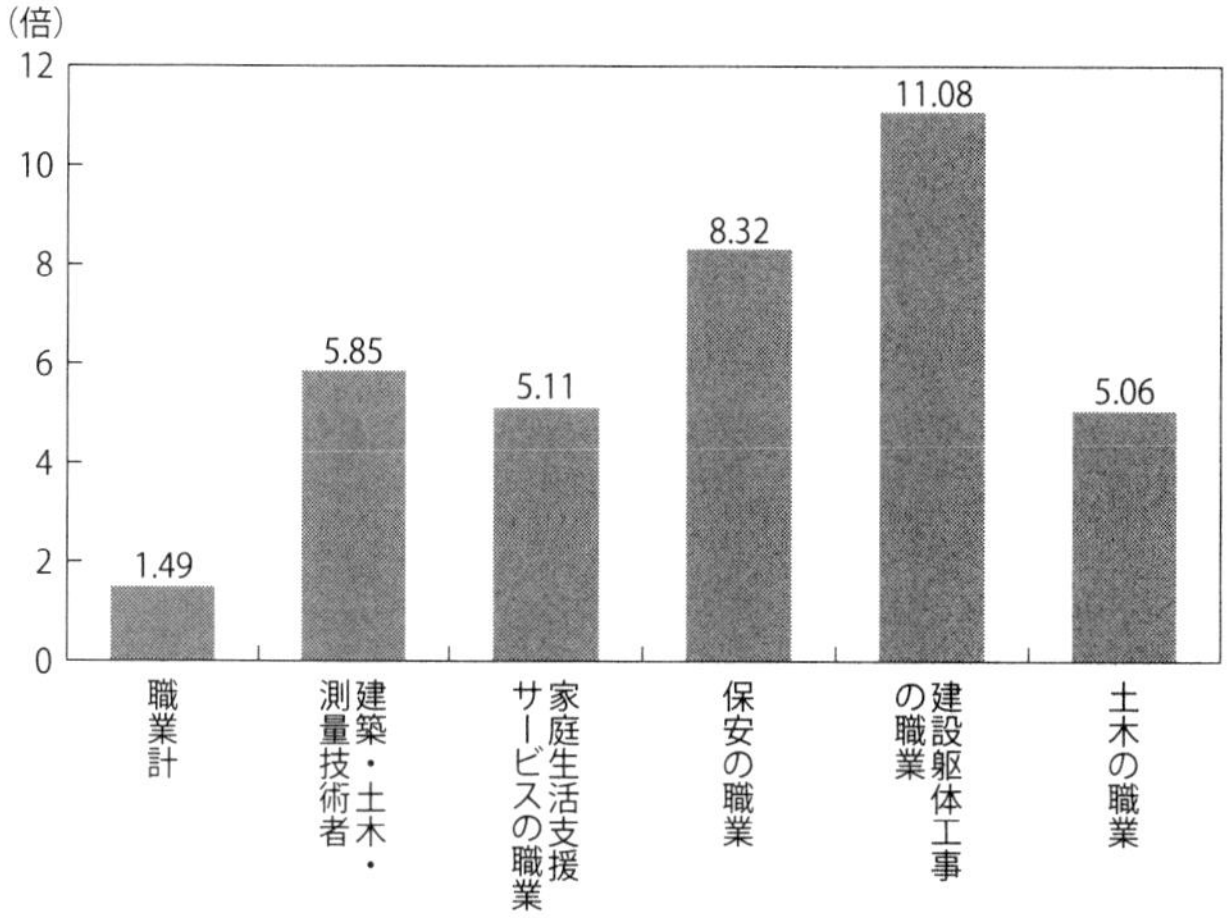

※パート含む
(出所) 厚生労働省「職業別一般職業紹介状況」(平成30年10月分)

人が辞めてしまうから求人倍率が高いのか。求人倍率が高いから転職が容易だと考えて辞めてしまうのか。いずれにしても、スキルを持った人材をとどめられなければ企業にとってはダメージだ。

採用にはコストがかかる。当然ながら時間もかかる。新卒社員、中途社員、どちらにしても数日では終わらない。人の確保に企業が割いている時間とコストは膨大だ。

内容にもよるが、求人広告を出した場合、1人の採用にかかるコストはおおむね50万円とされている。人材紹介会社に依頼するとさらにコストはかさむ。1人を採用すると、人材紹介会社

図表1-4　人手不足関連倒産件数　年次推移

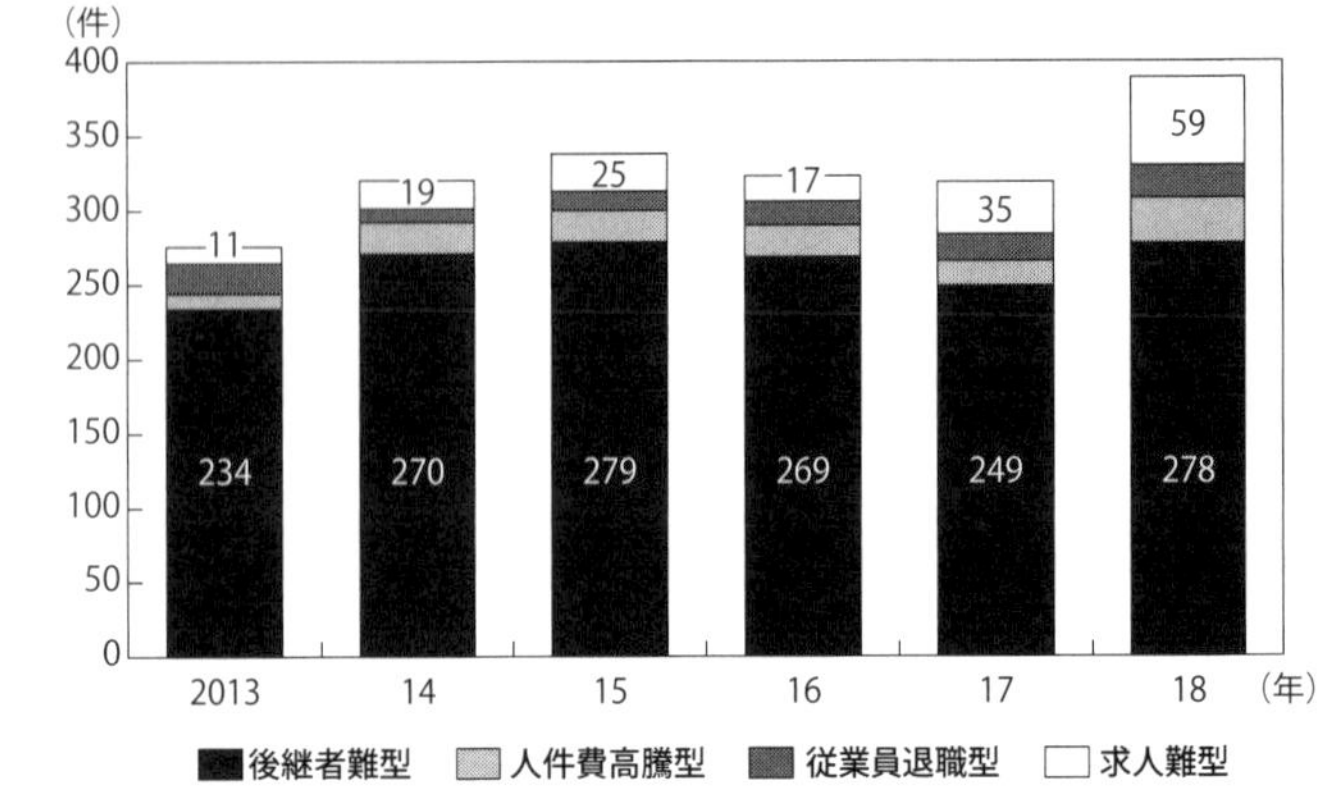

（出所）東京商工リサーチ

に支払う費用はその社員の年収の35％程度が相場だ。

企業が１人の新卒者を採用する際の平均費用も上がり続けている。就職情報サイトのマイナビによると、２０１７年春に卒業した学生の採用費用は前年に比べて２０００円増の46万１０００円を示し、２年連続の増加となった。

採用コストの増加は企業を苦しめ、２０１８年は人手不足関連倒産件数が過去最多を記録している（図表１−４）。従業員が集まらない求人難型の倒産は前年よりも68・５％もアップした。社員を引き留めるために賃金を無理に引き上げ、収支が悪化し経営破綻を招いた人件費高騰型も73・３％増えている。

少子高齢化の流れが加速する中、もう従業

員が辞めたら採ればいい、補充すればいいなどという時代ではない。日本の人口構造を考えれば、現状の売り手市場はこれからも続くと考えた方が正解だ。

売り手市場は、採用難や人材流出に拍車をかけ、その結果、人材不足に悩む企業が急増している。欲しい人材を獲得するためには激しい競争を勝ち抜かなければならない。人手不足解消と離職率を下げることは企業の明日を左右する重要課題である。

採用コストの高まりは企業の採用戦略も変えつつある。求人サイトで大量募集をかけて人を集める従来型の募集方法を改め、自社が求める人材のスペックをきちんと考え、ピンポイントにスカウトするダイレクトリクルーティングに着手する企業が増えているのだ。ダイレクトリクルーティングにおいては、検索条件の設定に苦労する採用担当が多いが、自社での活躍が期待できる人材像を明確に分析した上で、合致度の高い人材を効率よく発見するアプローチが求められる。今後の採用戦略は、「量」の理論から、これまで以上に科学的人事による質の高い人材確保に移行していくはずだ。

一人当たりのＧＤＰと労働生産性が低い国

日本の企業が直面している問題の一つに、生産性の低さがある。

働き者の国民性といわれながらも日本は生産性が低い国だ。従業員1人が一定の時間当たりでどれくらいのモノやサービスを生み出したのかを示す指標である労働生産性を見ると、日本の生産性の低さは明らかだ。

公益財団法人日本生産性本部の発表によれば、OECDデータに基づく2017年の日本の時間当たり労働生産性（就業1時間当たり付加価値）は、47・5ドル。これは、米国の72・0ドルの3分の2程度の数字でしかない。順位はOECD加盟36カ国中20位。G7中、最下位だ。

しかし、もっと驚くのは、生産性の低さが最近の傾向ではないということだ。日本は1970年から47年連続でG7中、ワースト1位。数年前から数字が落ち込んだのではない。リーマンショック後に急落したわけでもない。47年も続くこの長期的な傾向は、日本の病理といったら大げさだろうか。

真面目、勤勉、一生懸命。サービス残業もいとわず、ひたすらに働き続ける日本人が多いように見えて、付加価値を生み出す労働生産性に目を向けてみると、日本は国際競争力に欠けた国であることがわかる。

GDP（名目国内総生産）についても厳しい数字が続いている。

国全体として見ると悪くはない。日本の2017年の名目GDP総額は4兆8604億ド

図表1-5　OECD加盟国の1人当たり名目GDP　国別ランキング（2017年）

単位：US$

1	ルクセンブルク	104,400
2	スイス	80,400
3	ノルウェー	75,700
4	アイスランド	70,248
5	アイルランド	69,000
6	米国	59,800
20	日本	38,348

（出所）IMF

ルで、１位の米国、２位の中国に次いで第３位だ。堂々たる経済大国ぶりを発揮しているが、この数字も一人当たりで見るとがくんと下がってしまう。

２０１７年の日本の一人当たりの名目ＧＤＰはドル換算で３万８３４８ドル。これは、ＯＥＣＤ加盟国中20位の数字だ。為替相場が円安に振れたことも影響し、２０１６年の18位からさらに２つ順位を下げてしまった（図表１−５）。

ちなみに、一人当たり名目ＧＤＰの上位３カ国は、１位がルクセンブルクで10万４４００ドル、２位がスイスの８万４００ドル、３位がノルウェーの７万５７００ドル。日本はルクセンブルクの３分の１程度の一人当たり名目ＧＤＰしかあげられていない。

絶望的に低いサービス業の生産性

まとめていえば、労働生産性が低くGDPもあまりパッとしない。それが現在の日本の偽らざる実態だ。

業種別に見ていくと、さらに深刻な実態が浮かび上がる。製造業の労働生産性は9万9215ドルで、OECD国中15位。昨年から順位を一つ落としているとはいえ、一人当たりの名目GDPと比べるとそこまで悪いわけではない。

問題はサービス業の生産性の低さだ。

日本生産性本部が2018年に発表した「質を調整した日米サービス産業の労働生産性水準比較」によると単純比較で日本のサービス産業の労働生産性は米国の30%~40%。サービスの「質」を調整したとしても、約50%の労働生産性しかない。

特に低いのは、金融、運輸、物品賃貸・事業サービス、卸売・小売、飲食・宿泊といった業種だ。卸売・小売は米国の40・6%、飲食・宿泊にいたっては38・5%という数字である(図表1-6)。

トヨタ自動車の看板方式に代表されるように、日本の製造業は生産性向上に励み、着実に

図表1-6　サービスの質を調整後の労働生産性水準（日米比較）

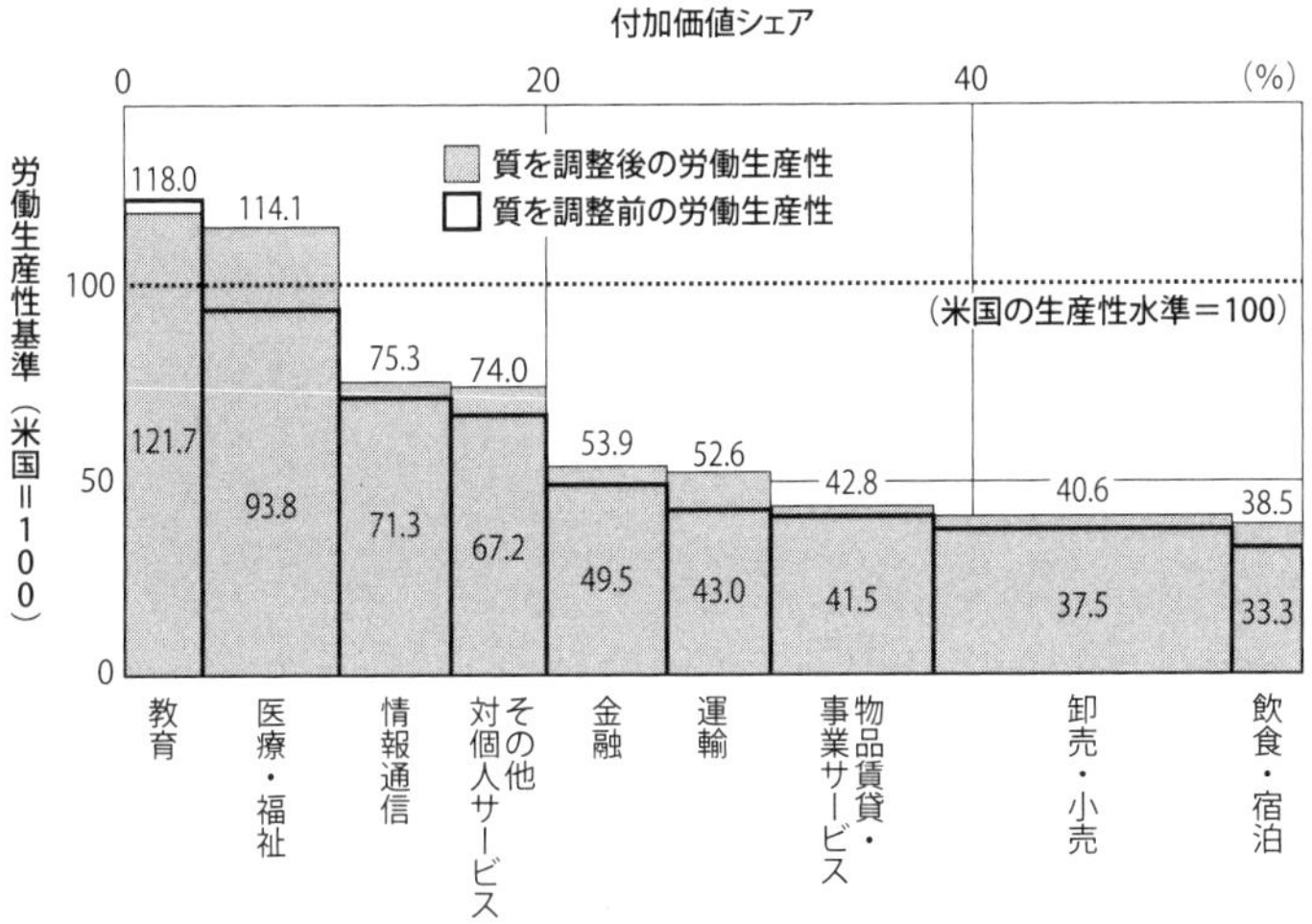

（出所）日本生産性本部

成果をあげてきた。しかし、サービス業になると製造業で培ってきたノウハウが発揮しづらいのか、がぜん数字が低くなる。

形のない価値を人が提供する業種では、どうしても人への依存度が高くなりがちだ。できる人とできない人、モチベーションが高い人と低い人など、スキルや経験、知識が人によってばらばらのままでは、全体として生産性を上げることは難しい。

人材の育成や全体の底上げを目指しつつも、最終的には有能なマネジャーが背中を見せて部下にノウハウを伝えていく、あるいは誰かの力に極端に依存する。そうした属人的でアナクロな手法にいまだに頼っている。これは日本のサービス業が抱える深刻な課題である。

しかし、全産業の中でサービス業のウエイトは重くなる一方だ。いよいよ来年に迫った東京オリンピック・パラリンピックを考えてみてほしい。いま以上に観光業やサービス業の存在感が高まることは間違いない。

また、現在はさまざまなモノがサービス化している。「この機能があるから」というよりも「どういったサービスを享受できるか」で製品が選ばれるようになってきた。サービスを基準に消費者がモノを選ぶ時代がすでに到来している。

製造業においても、インターネットとつながって新しい価値を提供したり、アフターサービスを強化したりといった、従来にないサービスが台頭している。サービスが決め手になる以上、高い顧客満足を提供できる企業でなければ消費者の支持は獲得できない。

こうした問題を解決するには何が必要だろうか。

顧客満足を実際に提供するのは「人」だ。顧客満足を上げていくためには、働く人の能力を最大限に発揮させていくしかない。自社にマッチした人材を採用し、適材適所の配置を行い、定着率を高めパフォーマンスを上げる人事戦略が不可欠だ。

進まない「働き方改革」

進行する働き方改革も人事戦略の見直しが急がれる理由の一つだ。労働力人口（生産年齢人口）は2060年にはピーク時の半分になることが確実視されている。このままでは国全体の生産力低下、国力の低下は避けられない。それを防ぐために内閣府が乗り出したのが「働き方改革」だ。

2016年に内閣官房に「働き方改革実現推進室」が設置され、働き方改革の取り組みが提唱された。「働き方改革」が掲げる目標は「50年後も人口1億人を維持し、職場・家庭・地域で誰しもが活躍できる社会」。「一億総活躍社会を実現するための改革」であり、少子高齢化が進む中でも多様な働き方を可能とするとともに、中間層の厚みを増しつつ、格差の固定化を回避するための改革だ。2019年4月から順次「働き方改革関連法」が施行され、労働時間制限や休暇取得の義務が設定される。

この「働き方改革」は以下の3つの柱で構成されている。

1. 長時間労働の解消
2. 正社員と非正規の格差是正
3. 高齢者の就労促進

3つの課題を解消し、働き手を増やし、出生率を上昇させ、労働生産性を向上させることが「働き方改革」の狙いである。

しかし、現実を見るとどうだろう。長時間労働を解消しようとして、単に残業禁止といった施策を打ち出すなど、勤務時間の見直しだけにとどまっているケースが大半ではないだろうか。

「働き方改革」を推進することで労働生産性の向上に成功したという例は少なく、あっても非常に属人的なテクニックに依存している。時短制度、裁量労働制、在宅勤務、テレビ会議など働き方の多様化に適した仕組みを整備できていない企業が大半だ。

社員全体の勤務時間を減らしても目標を達成し、さらに生産性を高めていくには、科学的に人材を活用し、一人ひとりの力を最大限に引き出してパフォーマンスを上げていかなければならないが、それをつかさどる人事部門は非科学的で属人的な管理が色濃く残されている。

また、政府が「女性活躍推進」を掲げてからすでに5年余。女性の採用や育成をする企業は増えたものの、育児との両立や組織風土が壁となり、女性の活躍となると足踏み状態だ。「働き方改革」は単なる労働時間の問題ではない。いま企業に問われているのは人材をどうとらえ、どう活用するのかという本質的な課題の解決だ。そこに真っ向から向き合えない企業の未来は暗いと言わざるを得ないだろう。

企業にダメージを与える「ブラック企業」認定

規模にかかわらず、あらゆる企業が「働き方改革」を進める必要があるのには、採用難という背景がある。働きにくい会社ではもはや、いい人材を採用できないからである。

従業員に対してサービス残業を強いている、パワーハラスメントが横行している、偽装請負や派遣差別を行っているといった企業は「ブラック企業」として認定され、社会から厳しい目が注がれてしまう。

厚生労働省も、長時間労働や賃金不払いなど労働関係法令に違反した疑いで送検された企業などの一覧を作成し、毎月公式サイトで公表している。いわゆるブラック企業リストだ。

いったん「ブラック企業」の烙印を押されてしまうと、そこから抜け出すのは容易ではない。ただでさえ人材難、採用難の時代に「ブラック企業」認定は大きなダメージだ。採用面接を受ける前にインターネットで企業の評判や働く人の感想などを検索しない人はいまや、ほとんどいないだろう。

「ブラック企業」とまではいかなくても、組織風土や働きやすさ、キャリアパスは就職に際しての大きな決め手になっている。個々の社員に合った人材育成プログラムが不足している企業は選ばれる対象からはずされてしまう可能性もある。ダイバーシティ推進が叫ばれる中、シニア、女性、外国人を雇用する流れも加速している。さまざまな属性の人材にフィットする働き方を企業が考え実践していかなければならない。

副業を解禁する企業も増えてきた。厚生労働省は「働き方改革実行計画」の中に副業推進を盛り込み、会社の判断で副業を拒否することが可能な「許可制」から、手続きさえ踏めば自由に副業ができる「届出制」へとかじを切った。

ＡＩやＲＰＡ（ロボティック・プロセス・オートメーション）といった自動化の技術の台頭も「働き方改革」に拍車をかけている。機械に任せられる仕事から、人にしかできない仕事、つまりクリエイティブな仕事へとシフトし、いかに生産性を上げていくかがいま企業に問われているのである。

加速するグローバル化の流れ

グローバル化の進展も、科学的人事のニーズが高まる一つの要因だ。

国内だけでビジネスが完結しているという企業はもはや少数派だろう。仕入れや調達、物流、販売など、サプライチェーンのいずれかに海外の企業がからむケースは着実に増えている。

海外市場へと乗り出し、ワールドワイドに市場開拓を図る企業も多い。しかも、大企業ばかりではない。国内市場の縮小を受け、中小企業も積極果敢に海外に進出を図っている。海外へ進出する企業の顔触れも多様化する一方だ。製造業からサービス業まで、企業の規模や業種にかかわらずグローバルな活動は一般化している。

そうなれば、企業を支える人も日本人ばかりではなく、進出先の国の人材も含まれる。従来の日本の新卒採用の枠組みにおさまらない人材の活用なくして、グローバルでのビジネス展開は難しい。

活動範囲もドメスティック、人材もドメスティックな企業であれば例外だが、グローバルなビジネスを担うグローバル人材を獲得しようとすれば、従来とは大きく異なる評価基準が必要だ。急速にグローバル化が進展するいま、人事戦略にもグローバル化への迅速な対応が求められる。

海外事業や新規事業を立ち上げている企業の悩みの種が「誰を抜擢するか」だ。人事情報を分析し、計画的な人材育成や、自薦・他薦の登用、抜擢を行い、経営層に対してタイムリーに人材状況を提示し意思決定できる体制がなければ、最適人材の抜擢は難しい。

これまでの属人的人事では見極めが難しかった意欲やスキルの高い隠れた有望人材、期待人材、新規事業にチャレンジしたい人材など、5年～10年後に会社を担う人材を見つけ出すためには人事が変わらなければならない。

エビデンスのない抜擢や配置は当人にとっても企業にとっても不幸である。根拠がなく漠然とした感覚で行われる属人的人事から根拠を踏まえた科学的な人事へ。グローバル化はこの流れを加速させている大きな要因の一つだ。

業界を越えたボーダーレスな競争に突入

ここまで企業を取り巻く外的環境の変化について述べてきたが、ボーダーレスな競争環境についても触れておきたい。

従来、企業の競合相手といえば、同じ業界に属する企業だった。同じ土俵の上に立つ同業の企業を相手にシェアの獲得競争を繰り広げながら、お互い切磋琢磨して技術力やサービスレベルを磨いていく。それが当たり前の光景だった。

ところがいまはどうだろう。見事なまでに状況は様変わりしている。テクノロジーが発展したことで、以前とはまったく異なる相手と戦わなければならなくなった。もう業界内の動きだけを見ていれば済む時代ではない。

具体例を挙げよう。

カード事業を推進するプレーヤーといえば以前は銀行やカード会社と相場が決まっていたが、電子マネーのような新しい決済手段が登場し、競合相手はもう金融業だけではなくなっている。

これは証券会社や保険会社の業界も同様だ。ＩＴと金融の融合領域は「フィンテック」と呼ばれ、「フィンテックベンチャー」なる新興企業が続々と誕生し、活動領域を広げている。

業界再編のうねりは避けられない

自動車産業も例外ではない。

1台のガソリンエンジン車を製造する場合、特に精密なエンジンを含め、3万点の部品で作られているといわれているが、これが電気自動車（EV）になると、2万点近くが不要になるという。

自動車業界はいま「100年に一度」の大きな変革の波に見舞われている。

自動車は名称こそ「車」ではあっても、中身を見るとスマートフォンや家電製品のような電子機器に近づいているという見方も強い。つまり、自動車産業と電子機器産業とを隔てていた垣根がなくなってきているということだ。

そうなると、スキルの育成一つとっても、既存の考え方や方法論では対応できない。エレクトロニクスのテクノロジーで製品を作る時代にシフトしたいま、エンジニアたちの持つべきスキルの中身は大きく変わってきている。

先のカード事業についていえば、スマホでの決済がどんどん進行すれば、10年先にはクレジットカード自体が存在しなくなるかもしれない。そんな可能性も見えている中で、カード事業の知識を持つ人ばかりで果たして会社は存続していくのか。

ドラスティックな変化を前に、今後は異業種や新興ベンチャーがからんだM＆Aも活発化することが予想される。マクロの流れで見ると、業界再編のうねりは避けられないはずだ。

カード会社であれば、将来を見据えてカード事業だけにはとどまらないスキル、最先端のテクノロジーにも知見と経験がある人材を確保しなければ経営が傾きかねない。では、どうすればいいのか。未来を見据えた人材確保、育成をしていくために、これからの人事には新しい科学的なアプローチが必要なのである。

進む大量の配置転換と組織のスリム化

2018年11月にソフトバンクは、通信事業に携わる社員のうち4割にあたる6800人を配置転換し、AI、IoT関連など、成長が見込まれる新規事業に振り向けると発表した。ソフトバンクは携帯電話の通信サービス会社というイメージが強いが、すでにAIやIoTなどの分野の強化を進めている。今回の配置転換はこうした流れを加速させるための施策だ。

このような大規模な配置転換は、すべての社員のスキルが見える化されていないと不可能だ。彼は何ができるのか、何ができるようになっているのか、本人の希望や経験、興味や関心、スキルを把握した上での異動でなければ、事業全体のパフォーマンスに影響が出る。新規事業に乗り出すには人材の最適配置や新たな人材の確保が欠かせない。それを可能にするのは人材の見える化である。

トヨタ自動車も大胆な組織改正を進めている。前年にすでに渉外・広報本部の「渉外部」

「海外渉外部」「広報部」の3部を「渉外広報部」に再編済みだが、2019年1月の組織改正では前年の10月時点に239部あった部組織をさらに220に減らした。組織のスリム化が著しい。

役員人事の見直しも進んでいる。常務役員、技術系で役員待遇の常務理事、部長級、室長級の資格を統合し、「幹部職」を新たに設けた。これまで社内カンパニーや本部の責任者、工場長は約80人の役員級から選ばれていたが、今後は約2300人の幹部職から抜擢されることになる。

トヨタ自動車が急ピッチで進めている組織と役員体制のスリム化は、経営の加速と人材育成の強化を図るためであり、意思決定のスピードを上げ、有能な若手を登用しやすくする体制が目標だ。

MaaS（モビリティ・アズ・ア・サービス：サービスとして提供する移動手段）や自動運転、自動化が進む自動車業界では、他業種との新たな競争や合従連衡が加速している。2018年にはトヨタ自動車はMaaS分野でソフトバンクグループと提携し、電子部品事業のデンソーへの集約も決定した。

目まぐるしいスピードで業界が動いている以上、迅速な経営判断は不可欠。だが、自社の人材についての正しい情報が乏しいと意思決定が遅れてしまう。特に経営サイドに人材が見える化されていないとダイナミックな意思決定は実行できない。

車のメーカーであるトヨタ自動車がカーシェアに着手したように、アパレルメーカーの中には衣類のレンタルの新規事業をスタートするところも出現している。自分たちがよって立つ業態自体を否定するような取り組みは今後さらに増えていくだろう。

先入観や固定観念が次から次へと覆されるダイナミックな変化が続く環境下では、属人的な人事ではついていくことができない。特定の誰かの頭の中で人を管理する属人的人事が通用する時代は終わりに近づいている。

従来型の事業が成立しなくなる⁉

競争環境が激化し、他業種との垣根が低くなっている事例として通信サービスや自動車会社の例を紹介したが、岐路に立たされているのは技術革新が著しい最先端の業界ばかりではない。「他山の石」だと悠長に構えていられる業界はもはや存在しないといっても過言ではないだろう。

不動産業界を例に挙げたい。不動産業界にはシェアエコノミーの台頭で従来型の販売事業が今後成立しなくなるのではないかという危機感がある。

大量に抱えている不動産の営業マンがこの先もずっと不動産事業に携わっていられる保証はない。別の事業への転換も今後は必要になってくるだろう。そうした問題意識から、よりスピーディーな抜擢や育成、最適配置が実現できるよう、人事情報を科学的効率的に分析し、経営層や事業部の管理層がエビデンスベースで意思決定できる仕組みを構築する企業も出てきている。

ある会社では、組織が完全に縦割りで、事業部間をまたがる人事異動はまったくできていなかった。しかし、人事の担当者が頭の中で配置や抜擢を考えていた体制の抜本的な見直しに着手。将来の意思決定を担う幹部候補社員の育成や後継者育成を計画的に進めている。足元を揺るがす業界の地殻変動がこの会社を科学的人事に踏み出させたのだ。

M&Aで急速に事業を多角化している某サービス企業では、さまざまな事業を担うグループ横断の人材の見える化を推進している。グループ傘下に入った企業で働く人材がどんなスキルや経験を持っているのかが見えない状況を改善し、グループ会社全体の中で経営戦略や人事戦略の実践を進めるためだ。

これらの例に限らず、ホールディングス化や分社化を推し進めている多くの企業において、本来社員に浸透しているべき「○○ウェイ」や「○○イズム」といった企業理念や企業としてのメッセージが希薄になっていることが問題視されている。

グループ全体でシナジーを出していくためには企業の根幹をなす理念の共有は欠かせない。しかしながら、社員の頭に企業理念をインプットするための研修は打てても、どれだけ浸透しているかを測る手段がこれまでにはなかった。ＩＴを使った科学的人事は、こうした企業理念の周知・浸透の徹底化にも効果を発揮するのである。

科学的人事の優先度が高い「多店舗展開ビジネス」

多店舗展開しているビジネスも人材については多くの問題を抱えている。そもそも人事部と店舗スタッフとが顔を合わせる機会がないため、マネジメントが難しい。離職が多い業界であり、離職を防ぐには待遇を上げるか、あとは店長に任せるしか術《すべ》がない。人事面では本部側に打つ手が少なく、やれることに限界があるのが店舗ビジネスの特徴といえる。

しかし、店では店長もスタッフも日々の業務に追われている。現状のまま、採用から育成までをすべて現場に背負わせるには無理がある。

現場に負荷をかけることなく人材を確保し育成していくためには、評価の高い店舗や社員の業務スキルや特徴を見える化し、店長や副店長、スタッフの育成やスキルレベルに応じた人材配置が必要だ。人材を見える化すれば、新店舗や新規事業を迅速に立ち上げるための優秀な社員の抜擢や配置もスムーズに回る。

最適配置を実現するために店長やスタッフのスキルやキャリアの見える化に踏み切った大手小売チェーンの例を紹介しよう。

同社は創業以来右肩上がりを続け、急拡大してきたが、客観性に欠ける属人的配置となっていたため、人事戦略の抜本的な見直しに踏み切った。評価や成績などさまざまな条件を考慮した上で店舗間における人材の配置や、本人の希望やキャリアプランを考慮した配置を行い、モチベーションや生産性の向上、離職率の低下を図っている。

こうした例からもわかるように店舗ビジネスは科学的人事と相性が良い。

一般に小売などの店舗ビジネスでは、人事異動の際に、どうしても自宅と店舗の移動距離を考慮する必要があり、適任であっても、現実問題として通えないということを属人的に管理せざるを得ないケースが一般的だ。

ＩＴを使った科学的な異動シミュレーションでは、住所情報から社員の自宅と各店舗間の通勤時間を自動計算し、異動において「通勤1時間以内」などの条件を指定するだけで、人材配置に反映することが可能となる。店舗ビジネスこそ、科学的人事が欠かせない業界の一つなのである。

科学的な人事戦略の導入は「待ったなし」

ここまで、人材難、離職率の高さ、生産性の低下、人材の流動化、グローバル化、競争の激化、業界再編など、かつてないほど厳しくなっている人材を巡る企業環境について述べてきた。

多くの企業が外的環境の急激な変化に危機感を抱き、企業活動の要ともいえる人事に関して現状のままではいけない、何か手を打たなければならないと打開策を模索している。

企業の中期経営計画を見ると、「人」をテーマとして掲げている企業が非常に多いことに気づく。人材を「人財」として位置づけ、中期経営計画の柱の一つに据えている企業も少なくない。人材活用に対する悩みの深さ、強烈な危機感の表れと言えるだろう。

だが、現実に具体的なアクションを取っているところとなるとまだ一握り。既存の人事制度を抜本的に変えようとすれば大変な労力が必要になる。報酬制度も変わり、組織の有り様も変わる。人事に対する基本的な考え方や価値観も大きく転換せざるを得ない。

変えたいけれど変えられない、改革を進めたいが進められない。そんなジレンマに陥っている企業が多数派に見えるが、その一方で属人的な人材マネジメントには限界があることを多くの企業が痛感している。

科学的な人事戦略の導入はもう「待ったなし」だ。規模の大小、業種を問わず、この厳しい環境を乗り切るためには、ＩＴを活用した科学的な人材活用が必ず必要になってくる。科学的人事こそが企業競争力を高める時代になった。いまこそ属人的なマネジメントから科学的人事にシフトする転換点である。

Column

社内イベントも科学的に

急成長をしている企業の経営者から、「社内イベントはもうやめた方がいいのか？」といった話を聞くことがある。

社員数が少ないころは社内イベントを通して皆が仲良くなることがあったが、最近は参加する社員が少なくなってきたこともあり、悩むようだ。

そのような声を聞く一方で、社員旅行や社内運動会などについては一時期の否定的な風潮からは変化の兆しが感じられる。ある程度、コミュニケーションを促進し、会社に対してのロイヤルティーを高める効果があるとして、実施する企業も増えてきている。

ただ、若者の価値観からすると、やはり、飲み会や社員旅行は無意味だと感じている社員も少なくはないだろう。就職活動中の学生が採用面談で「ワークライフバランス」

という言葉を発することも多くなった。

経営に近い立場であればあるほど、経営理念を含めて会社の文化など、社員には同じ価値観をもってもらい、会社への帰属意識を高めてもらいたいと考えているものである。企業の規模が大きくなるほど、このギャップは大きくなるわけだが、経営層も決して、ただ単に社員に楽しんでもらいたい、というわけではない。世代間、事業部間、職種間などの価値観共有やコミュニケーション密度が、会社の成長や業績に多大な影響があることを経験的に理解しているのだ。価値観の共有、コミュニケーションの促進を社内イベントで実現しようとしているわけである。

要するに、社内イベントを実施する側の意図が参加する側に伝わっていないことが問題なのだろう。どうして伝わらないのか？　伝える努力もあるが、社内イベント実施の効果が見える化されていないことも原因の一つだ。

もし、社員旅行前後で、「部署間のメール数、コミュニケーションが増えた」といった結果が目に見えてわかったらどうだろうか。あるいは新年会開催で「異なる職種の社員の目標を知って、お互いを支援する目標設定項目が増えた」、若手も役立てる委員会活動によって「若手の離職率が下がった」などの効果検証が目に見える形であれば、企画者と参加者の温度差もなくなるのではないだろうか。

社内イベントを単なる社員への慰安ではなく、社員や企業の成長につながるものと位置づけて設計し、その効果検証を見える化することも、これからの科学的人事には必要であろう。

第2章

科学的人事とは何か

マーケティング視点を採り込む科学的人事

第1章では企業の人事を取り巻く環境について取り上げた。厳しい経営環境下にありながらも、まだ多くの企業が旧態依然の人事にとどまっている。だが、中にはすでに科学的人事をスタートさせた先進的な企業もある。問題意識が高い企業は従来型の人事管理を見直し、科学的な人事戦略を導入して着実な成果をあげている。

では、そもそも科学的な人事とは何を指すのだろう。

「科学的人事」の反対が「属人的人事」だと考えればわかりやすいかもしれない。属人的人事とは人の勘と経験に頼った人事のことだ。

Aさんはうちの会社には向かなさそうだ、Bさんはこの部門にマッチするだろう、Cさんはあの部署では力を発揮できなさそうだから別の部署に異動させよう。長年の経験から培ってきた人事担当者の勘や経験を頼りに人を採用し配置し異動させる。これが属人的人事の典型だ。

しかし、結局それは特定の担当者の頭の中にあるノウハウに過ぎず、体系的に共有されてはいない。人材に関するデータが分析どころか集約や蓄積すらされていないため、その担当者以外が活用したり、後の世代に継承していくことも不可能だ。担当者が代わればノウハウはリセットされ、また別の誰かの勘と経験頼みになる。担当者次第で人事が左右されがちなのは属人的人事の特徴といえるだろう。

また、属人的人事では人材に関する情報がデータとして共有されていないことが多い。社員情報を管理しているといっても、ただ情報をExcelにまとめて集計しているだけだ。きわめて古典的なExcel依存型の手法がいまだに使われている。

対して、科学的人事では人材のデータが集約され一元化され見える化されている。人事の判断材料はデータと理論であるべきだ。特定の誰かのノウハウに頼るのではなく、データを理論的に活用することで人材のパフォーマンスを最大化するために最適な解を導き出す。

このように、属人的人事から科学的人事へとシフトするために必須なのがマーケティング視点だ。以下、どうして人事にマーケティング視点が欠かせないのか、マーケティング思考を採り入れた科学的人事がなぜ企業の成長に必須なのかを解説しよう。

人事戦略の基本は人を理解すること

まずはみなさんにお尋ねしたい。

人事戦略の目的はそもそも何だろうか。採用、育成、配置、抜擢。いろいろなキーワードが考えられるが、人事の最終的なゴールは「企業が成果を最大化すること」ではないだろうか。もっとも「成果の最大化」と一口に言っても、その中身は同じではない。売上、利益、全国展開、ブランド力、社会への貢献度など、答えは企業によって変わってくる。

だが、追求する成果の中身は違っていても、どの企業も人材のパフォーマンスを最大化させたいと考えている。人の活躍なくして企業の成果を最大化することはできないからだ。人材のパフォーマンスを最大化することが企業の成果を最大化させる王道であり、もっとも合理的な方法である。

人材のパフォーマンスを最大化することを言い換えると、人が会社に定着して活躍し続けるということだろう。モチベーションを高く持って働いてもらうためには、社員のスキルや経験、成長段階、適性にふさわしい部署に配置することが求められる。まず採用時には、自社の企業理念に共感し、なおかつ活躍が見込める人材を獲得することが必要だ。入社後には個々のスキルアップを図る研修を実施し、社内を活性化させるマネジメントも欠かせない。

そのためには、社員一人ひとりを「見える化」し、企業を支える人のスキルや知識・経験、成果、働きぶりなどを正しく理解しなければならない。学歴や勤続期間、勤怠情報だけでなく、業務経験、目指す方向性と目標設定、人事評価、さらには仕事に対する考え方や価値観、行動特性から日々の仕事への満足度、モチベーションの変化、将来の希望に至るまで、その人を正しく知り理解することが人事戦略のベースとなる。

「人の理解」を別の言葉に置き換えると、すなわちマーケティングである。

一般に顧客に対するマーケティングは顧客をとことん知ることからスタートする。顧客を知らずにマーケティングはできない。根本は「人を理解する」ことだ。

そう、科学的人事とは「人を理解する」マーケティングの原理を人事に採り入れることにほかならない。人事戦略にマーケティング視点を採り入れることによって、初めて科学的人事が可能となるのである。

欧米と違う日本のタレントマネジメント

一般に社内の人材を見える化し、採用や評価、組織改正、キャリア構築支援、モチベーション管理を科学的に行うマネジメント手法は「タレントマネジメント」と呼ばれている。ここでいう「タレント」とは、人材が持つ才能や技術、経験、業績、資格のことだ。タレントマネジメントは米国で生まれた概念であり、現在は日本でも徐々に普及し始めている。

ただし、欧米でいうタレントマネジメントと日本のそれとでは対象が異なることに注意したい。欧米の企業が定義する「タレント」とは、能力があり成果もあげている優秀な社員を指すことが多い。人数としては少ない一部のハイパフォーマーを育成し、さらにパフォーマンスを高めることをタレントマネジメントの目的としている。

極端に言うと、能力を発揮できなければ辞めてもらってもけっこう。ある意味、そうした割り切った発想で人事戦略を展開し、限定的なエリート人材を戦略的に育成していくことにためらいがない。

一方、日本の場合、優秀な人材だけを引き上げるという発想は希薄だろう。「タレント」の対象は全社員。仮に、ある社員が活躍できていないとしても、別の場所では活躍できるかもしれない、別のスキルを身につければ今後は力を発揮してもらえるかもしれないと考えて、別の選択肢を探る。

能力に凸凹があれば凸を引き伸ばす一方で、凹の引き上げにも手を抜かない。全体の底上げを優先するのが日本版タレントマネジメントの特徴と言えるかもしれない。

今後、日本でも欧米企業のようなタレントマネジメントを展開していく企業が増えていくかもしれないが、いまの段階で日本の企業に必要なのは属人的な人事管理から脱し、科学的な人材活用に向けて一歩踏み出すことだ。

人材情報の活用に関しては明らかに欧米の企業の方が進んでいる。欧米の企業の多くはシビアな成果主義を採っているため、人材情報を活用しなければ成果がわからないからともいえるが、日本はあまりに属人的人事にとどまりすぎた。

自社にマッチした人材を採用するためにも、優秀な人材の離職を防ぐためにも、パフォーマンスを高める最適配置を実現していくためにも、能力のばらつきを是正するためにも、まずは人の「見える化」を進めることが先決である。

情報「管理」中心の人事部門、「活用」が前提のマーケティング部門

属人的人事の特徴をさらに挙げてみよう。

人事部は社員の情報管理に追われるものの、その情報の利用者は人事部門の人間だけ。閉じた世界の中で情報が滞留しているのが属人的人事だ。

管理する社員情報の中身は、社員名簿、職務経歴、研修受講履歴、自己申告書、満足度調査、人事評価シート、履歴書、勤怠表、給与明細、スキルシートなど。それぞれに重要な情報ではあるものの、まったくばらばらに存在し情報が連動していないため、例えば勤怠表と業務満足度の関係やスキルシートと人事評価シートとのつながりを見ようとしてもかなわない。厳密に言えばできなくもないが、いざ関連性を見ようとすると、Excelを使ってその都度、

図表2-1　採用難、人手不足、働き方改革といわれるが…

マーケティング部門では

ITを使い**顧客をとことん理解**し、**成果をあげている**

↕ 大きなギャップ

7割の企業が人材データを活用できていない（人事白書2016）

人事部門や現場では

いまでも**属人的なマネジメント**にとどまっている

手間をかけて集計する必要がある。

人事部には人事系の基幹システムが導入されていることが少なくないが、こちらも役割としては管理のみだ。人事管理以外に、諸届の申請、給与、勤怠、人事考課を管理するシステムとして完結している。

このように人事における情報活用が閉じた世界にとどまっているのは、データの活用を前提とした仕組みになっていないためだ。情報管理することが人事の機能であると考え、社内からもそうみなされているのである。

一方、同じ会社でありながら、マーケティング部門はデータの活用を前提に先進的なアプローチを行っているケースが多い。

ＩＴを使い、顧客データや購買データを蓄積し統合した上で多角的な視点で分析を行い、ＰＤＣＡを回すことで優良顧客の育成や離反防止につとめ、商品企画や販売促進にまで役立てている。顧客データについて活用することを前提にデータを集め蓄積しているからこそ、さまざまな仮説を立て検証し、施策を打つことが可能なのだ。

利用者も、人事情報とは違ってマーケティング部門の社員に限定されてはいない。現場のマネジメント層も活用し、経営層や人事部門もマーケティング情報を利用する。顧客を知り見える化することは、企業の収益を支える欠かせないプロセスであるという認識が全社的にあるからだ。

ところが、同じ会社であっても人事部には人を知ること、人を見える化することが何よりも重要だという認識がいまひとつ薄い。情報管理中心の人事部門と、情報活用前提のマーケティング部門との大きな違いである。

ITを戦略的に活用できているマーケティング部門

ここでマーケティングについて、いま一度考えてみたい。マーケティングがこれまでたどってきた道と、人事がこれから進むべき道は非常によく似ている。マーケティングの変遷を知ることは人事の未来について知ることでもあるのだ。

現代におけるマーケティングとは、顧客情報や購買データなどさまざまな情報を分析することで顧客を知り、ロイヤルカスタマーに育成するための施策や、他社に流れていかないための施策を行う活動をいう。いまやマーケティングをしていない企業を探す方が難しい。ごくごく当たり前の企業活動だ。

しかし、昔からそうだったわけではない。高度経済成長期の日本では、率直に言ってマーケティングは必要がなかった。人口が増え、所得が増え、飛躍的に拡大を続けるマーケットを背景に、モノを作ればそれで売れる時代だったからだ。

ところが世の中にモノがあふれ、消費者が必要なモノをある程度手に入れてしまうと、そうはいかなくなった。営業マンが強気で営業すれば数字がついてくる時代でもなくなった。広告を大量に打っても以前のようなヒットは狙えなくなった。ここで初めて日本にも、顧客のことを知らなければ会社が立ち行かなくなるという強い危機感が生まれ、マーケティングに真剣に取り組む企業が増えていく。

ただし、20年ほど前までは現在のようなITを駆使してデータを分析するという形ではなく、特定の担当者の勘や経験に頼るマーケティングが主流だった。属人的なマーケティングの時代である。

だが、消費者の志向がさらに多様化してくると、属人的マーケティングでは対応が難しくなる。現在の日本の人事が立っているステージはまさにこの段階だ。

どのようにしたら顧客がほしいモノを開発し、販売し、固定客にできるのか。この課題を解決するため、マーケティングは著しく進化していく。ITの台頭も追い風となった。属人的マーケティングが科学的マーケティングに変化したのである。

進化するマーケティングの顧客分析

わかりやすい例としてコンビニを挙げよう。

POSの導入以前、コンビニでは店長が毎日レジから吐き出される売上情報を見て、今日は何が売れたのか、何が売れなかったのかを確認し、その理由を一生懸命に考えて、次の仕入れに反映させていた。店長個人のノウハウでマーケティングを行っていたわけだ。

しかし、1982年にセブン-イレブンがPOSを導入すると、データ活用が一気に進む。「いつ、どこで、どんな価格で、何個売れたのか」というPOSレジの膨大なデータを活用することで、セブン-イレブンは「仮説検証型発注」の仕組みを日本で初めて実現させた。

POSデータは品揃えに影響を与えただけではない。顧客の好みや志向を顕著に表すPOSデータは商品の企画開発をも左右していく。POSデータはいまやマーチャンダイジング全体に当たり前に活用されている。

気温が22〜23度を超えるとアイスクリームが売れ始め、30度を超えると逆に氷菓やかき氷が売れるようになっていく。子どものいる家庭ではビールと紙おむつを一緒に買い求めるケースが多い。そうした話を聞いたことがないだろうか。これらはすべてＰＯＳデータが明らかにした顧客の志向であり購買動向だ。

ＰＯＳデータを活用することで、いつどれくらいの気温のときに、どういう商品がどういう層にどれくらい売れるかがある程度予測できるようになっている。何と何が一緒に売れたかを探る「バスケット分析」を行えば、同時に購入されそうな商品の組み合わせを予測することも可能になった。ＰＯＳの登場は流通業にとどまらず、多くの企業のマーケティングを飛躍的に変えた。

その進化はいまも止まっていない。ＩＴの発展により、顧客データの分析はさらに進歩している。ＣＲＭ（Customer Relationship Management）やターゲティングといったキーワードが登場し、ＩＴを活用したマーケティングの可能性は広がる一方だ。

もはや自分たちの優良顧客がどういう人たちなのか、休眠顧客や解約顧客はどのような層なのかを回答できない企業のマーケティング部門などほとんどないのではないだろうか。

もし答えられなければ生き残りは難しい。それほどマーケティング戦略は企業の生命線を握っており、ＩＴによる顧客データの活用はもはや常識といっていい。

人事こそ時系列にデータを蓄積すべき

マーケティングにおける「顧客の見える化」とは、例えば一人の顧客がいつ来店し、どれくらい店に滞在し、何と何を買っていったのかというデータをすぐに取り出すことができるということだ。

これを人事に置き換えてみるとどうなるか。新卒3年目で活躍している人材が、どういった志望動機で入社し、これまでにどのような研修を受け、過去から現在に至るまでどんな業務に携わり、モチベーションはどう推移しているのかといったデータをすぐにトレースできることとイコールだ。

しかし、現実には人事にそのようなデータが集まることはない。すべてのデータが分散しているため、まとめる作業に大変な手間がかかる。いや、手間が煩雑すぎて現実には不可能といった方が適切だ。

本来であれば、評価が高い人、低い人をグループ分けし、業務経験やスキル、モチベーションを見ながら、それぞれにどういった教育を提供すればいいのか、どのような部署が向いているのかを個別に検討していくべきだが、そもそもそれができる状態になっていない。

ベースになるデータが統合されていないことがまず、人事とマーケティングとの決定的な違いである。

また、もう一つの大きな違いは結果が出るまでの時間の長さにある。通販会社が顧客にメールマガジンを送付すれば、開封率は即日に把握できる。

一方、人事では成果を見るまでには数年単位を覚悟しなければならない。新卒のこういう社員がこういったキャリアを積んだ結果としてどのような成果を残したのか、といった分析が必要になる。

しかし、マーケティングであれば当たり前のようにたまっている時系列のデータが、悲しいかな、人事には存在しない。ＰＤＣＡのサイクルがマーケティングに比べると圧倒的に長い人事だからこそ、時系列にデータが蓄積されるべきなのだが、残念ながら現在の人事にはその仕組みがない。

リアルタイムでの検証もできず、数年単位での検証も望めない。各種データを時系列で蓄積し、分析できる体制がまったく整っていないのが実状だ。

ライフタイムバリューという概念を持ち込め

マーケティング用語にライフタイムバリュー（顧客生涯価値）という言葉がある。一人の顧客が生涯にわたって自社や自社ブランドにもたらす価値を算出したものだ。店舗をリピートして利用している客、商品を継続して購入している客はライフタイムバリューが高い客といえる。

このライフタイムバリューの高い顧客をいかに獲得するかはマーケティングにおいて最重要課題である。ポイントカードを発行している小売店が非常に多いのは、一人の顧客に継続的にしかもアクティブに利用してもらい、ライフタイムバリューを高めるための施策であることは言うまでもない。

時系列にデータが蓄積されていれば、この客は最近よく利用してくれている、こちらの客は以前は頻繁に来店してくれたが、最近は利用頻度が落ちているといった実態は一目瞭然だ。店を利用し始めてからの期間が長く、現在も落ちることなく積極的に店を利用している優良顧客のデータを分析すれば、優良顧客の育成モデルを設定することもできる。

優良顧客の育成モデルを通して、その人が好む広告の種類や内容がわかれば、優良顧客をもっと獲得するためには次はどういった広告を打てばいいのかという広告戦略も立てやすい。アパレルのチェーン店を例に考えてみる。同じチェーンでも、主に若年層が訪れる新宿店と、富裕層がメイン顧客の銀座店があるとする。それぞれの店舗のデータを分析し、銀座店の顧客のほうがリピート率が高くライフタイムバリューがはるかに高いとしたら、富裕層向けに高級路線のCMを打つことがより効果的だと考えられる。マーケティングにより、企業が特に重視すべき顧客が見えてくるのだ。

こうした一連の取り組みは、本当なら人事でも当たり前のように実践すべきことだ。自社で活躍している人材の特徴や傾向がわかれば、それに近い人を採用したほうが採用ミスマッチは小さくなることが予想される。

ところが現実を見ると、現在活躍している人の情報はまず採用場面にはおりてこない。採用管理システムを導入している企業は多く、このシステムの中には、どういった人が応募してきたのか、面談の内容や結果はどうだったのか、最終的には内定者は何人でそのうち何人が入社したのかといった詳細なデータが詰まっている。しかしそれはしょせん採用業務の担当者だけが使うシステムにとどまっている。

応募者は採用後には社員として人事管理システムの中で管理される。しかしまた、人事が管理する情報は採用部門や現場部門とは切り離されている。

入社後のデータが採用場面にフィードバックされないため、どういった人が自社に合うのか、活躍できるのかを検証することもできず、採用の基準は不明確のままだ。最後にはなんとなく「一緒に働きたい人」といったぼんやりとした基準で選んでしまう。入社後にミスマッチであることが発覚しても、それが次の採用時には活かされない。学習しないまま同じことが繰り返されている。

一気通貫した人材情報の蓄積がカギを握る

人事情報が活かされていないのは研修時も同じである。

社員に研修を受けさせるとき、担当者が研修プログラムの受講管理を行うが、多くの場合、そこには人事情報はもちろん、採用データも連動していない。「主任になったから、そろそろこの講座を受けてください」と受講案内を行い、受講の段取りを行い、受講した感想レポートを収集し集計するだけだ。個々のスキルや能力、モチベーションを踏まえたプログラムではない。主任になったら誰もが受ける研修内容だ。

人事の世界で情報が閉じているので、経営陣にとっても、最近活躍している若手がどのようにして入社してきたのか、なぜこのように活躍できるようになったのか、何が他の社員と

図表2-2　科学的人事では、採用から活躍まで、社員データを時系列に蓄積する

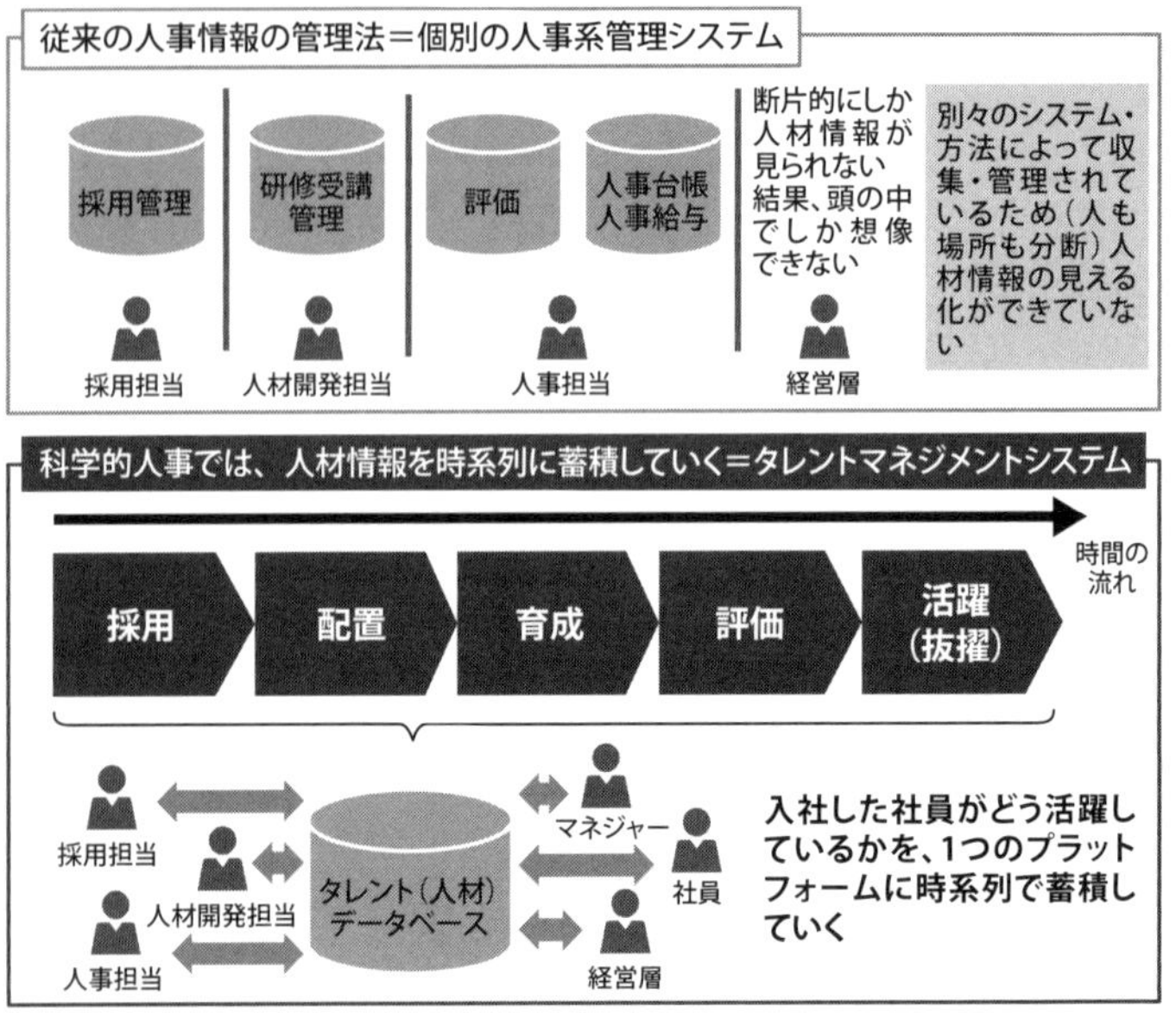

違うのかを知る術《すべ》がない。誰もその問いには答えられない。

もし経営層がそう尋ねたときには、いろいろな人が「彼は僕が育てました」と手を挙げるかもしれないが、それが本当なのかどうか真実を確認する手段はないし、そもそも育てた人がわかったからといって、どのような育成方法が功を奏したのか具体的に把握できるわけでもない。結局、閉じた世界の中で採用の精度を高め、離職防止につとめるしかないという結論になる。

中途採用についても同様だ。事前にハイパフォーマーのデータを

分析すれば、こういったスキルを持っている人、このような経歴を持っている人を採用したほうがいいといった望ましい人材の定義付けができる。それを参考に採用活動を行えば、入社後に活躍する社員は増えるかもしれない。

しかし、現実はその逆だ。新規事業を立ち上げるために複数の部署から人員を募ろうとしても、時系列で社員のデータが蓄積されていないため、どういった人材が適任なのかがわからない。

こういった新規プロジェクトの場合、人員を出してほしいと要望された部門長がエース級の社員を出すのを渋ることがよくある。あえて有能な社員を出さないというパターンだ。結局、部門長の一存で決まってしまうのは、人事部門に人材に関するデータが統合されておらず、かつ蓄積も見える化もされていないため、人事には誰がプロジェクトに適任かを測る方法がないのである。

こうした事態を防ぐためにも、ライフタイムバリューという概念で人材をとらえたい。顧客をとことん知るためにデータを統合しているマーケティングにならって、人事も採用から配置、育成から評価、活躍といった場面での情報を統合し蓄積すべきだ（図表2–2）。一気通貫した人材情報の蓄積こそが科学的人事戦略のカギを握っている。

社員のインサイトを探り出そう

人事とマーケティングとの共通点について話を続けたい。データの活用と言う際、データには大きく定量データと定性データの2種類がある。数字や日付、選択項目などで構成されていて簡単に集計できるデータが定量データ、文章で構成されているのが定性データと考えてほしい。

マーケティングではPOSデータは定量データに該当する。いつ何時にどこでどういう年代の人が何を買ったのかを数字で明らかにしたデータだ。

このPOSデータを分析すると、20代の首都圏に住む女性が昼にこのお弁当を多く買ったという事実はつかめる一方、なぜ彼女がこの商品を買ったのかという理由まではわからない。どのようにして彼女がその商品を購入するに至ったのか、どんな点に惹かれ、逆に他の商品にしなかったのはなぜなのか。顧客のインサイト（本音や想い）を追いかけることは難しい。

しかし、マーケティングで重要なのはこの「なぜ」をつかむことだ。「なぜ」を知らなければ次の施策につなげられない。この「なぜ」を知るために、マーケティングで広く導入されているのが自然言語解析技術を使った分析手法であるテキストマイニングである（テキストマ

図表2-3　インサイト発見に絶大な効果をもたらす定性データの活用

定量データ
例：POSデータ
わかること＝“20代”の“首都圏”に住む“女性”が買うもの

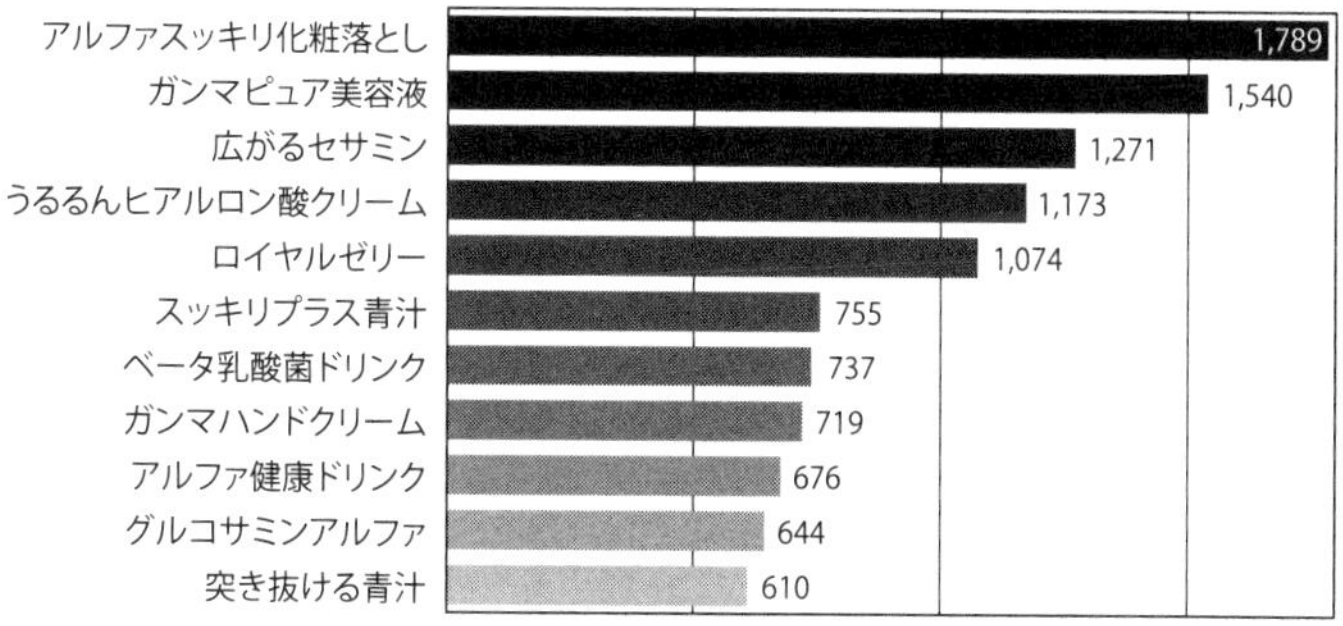

結果

定性データ
例：購入者アンケート（購入理由）、口コミサイト（商品の評判）など
わかること＝なぜ20代の首都圏に住む女性が特定の商品を買うのか

No.	単語
1	メイク−落ちる
2	サンプル−使う
3	値段−高い
4	香り−良い
5	良い−使う

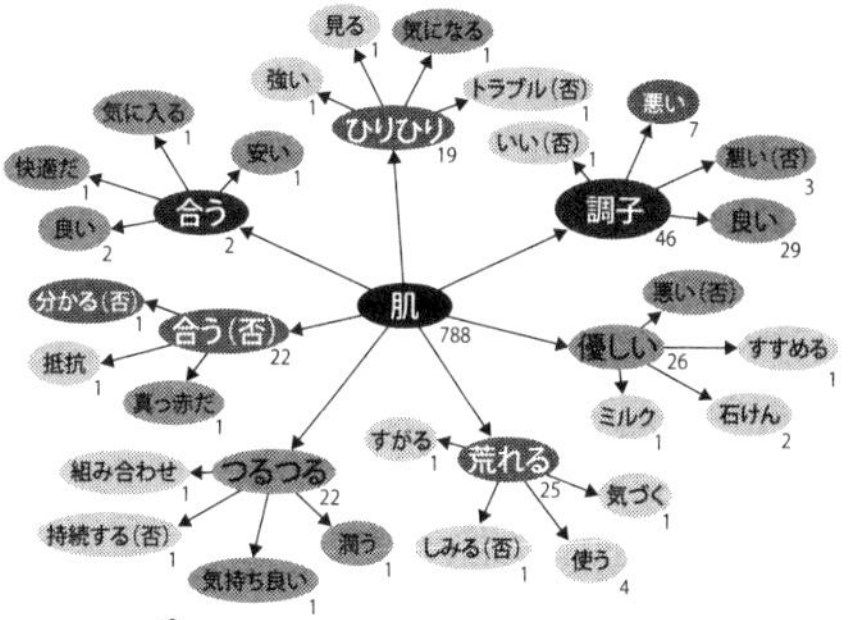

理由

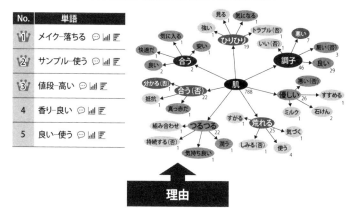

イニングの技術については第3章で詳しく解説している)。

定量データを使って「商品を頻繁に買っている客」という結果をつかみ、定性データによって「なぜ買ったのか」という理由を明らかにする。これがマーケティングの科学的アプローチだ(図表2-3)。公式にすれば、

定量データ×定性データ=結果×理由

となる。

定量データで結果を知り、その結果をもたらした理由を定性データで把握することに意味があるのである。

人事においても定量データと定性データの両輪が欠かせない

これを人事に当てはめてみよう。

結果とは「評価や成果が高い社員」であり、理由とは「どんなスキルが評価され、何を考えて仕事をして成果をあげているか」となる。「営業成績が高い社員」という結果を知ることができれば、その後に必要なのは「どんな営業スキルを持っているのか」「どのような適性の持ち主なのか」「何を意識して営業しているのか」という理由を探る作業だ。

人事が持つデータの中には、社員満足度調査、評価面談の記録、採用時のエントリーシートなど、社員のインサイトを把握できる定性データが実はたくさんある。テキストマイニングによってこれらを分析すれば、社員満足度調査からは不満理由や将来の希望がつかめ、評価面談の記録からは何を意識して仕事をしていて、上司はそれをどう評価したかがわかる。同様に採用データを分析すれば、志望動機を把握でき、戦略的な人材の抜擢や育成につなげられる。

マーケティングでは、定量データと定性データの両方を活用することで結果と理由を知り、顧客を見える化してニーズを探り、マーチャンダイジングやプロモーションに反映させている。

人事もそうでなければいけない。科学的人事には定量データと定性データの両輪が必要だ。

なぜ人事の定性データはほぼ眠っているのか

残念ながら、人事の実態を見ると定量データでさえ満足に活用できていないことが多い。社員番号、年齢、勤続期間、部署、業務といった基本的な情報の管理はできているが、スキル情報や評価情報などは満足のいくレベルではない。

勤怠のデータの集計はできているが、それは単に休みが多いとか遅刻が目立つといった労務分析に過ぎず、単一データの「集計」でしかないのだ。しかし、この集計作業を「分析」と捉えてしまっている人事部門は、少なくないだろう。

定量データですら集計にとどまっているのだから、定性データとなると絶望的だ。ほとんど使えていないといっていい。多くの企業が「社員の声を知る」という名目で社員アンケートを実施しているが、せっかく手間をかけて実施していても肝心の回答を読んですらいない企業が大半だ。

もちろん、アンケートを取れば社員満足度の集計はできる。現在の業務に対して満足しているかという問いに対し、何パーセントの社員が「非常に満足」であり、何パーセントが「不満」と答えているのかという数字の集計はExcelを使えば誰でも簡単にはじきだせる。

だが、自由回答欄に書いてもらった内容についてはどうだろうか。社員数が30人であればすべての内容に目を通すこともできるだろう。読んだ上でそれぞれにフィードバックすることも決して不可能ではない。

しかし社員数が１０００人となると、アンケートの自由回答欄をすべて読むことは物理的に不可能に近い。Excelに転記されるのが関の山。部門長に「これ、読んでおいてください」とアンケート結果を手渡してもほとんどが読まれずに放置されている。

回答したアンケートが活かされないとどうなるか。どうせ読まれない、何もフィードバックされないとわかれば、社員は真面目に回答しなくなる。自由回答欄に自分の意見や考えを率直に書き込もうというモチベーションが低下する。それでいて社員アンケートが実施されなくなるわけではない。ただ悪循環が続いていく。

キャリアデザインシートという名称で将来やってみたい業務を記入してもらう、自己申告書に希望の部署を記入してもらうなど、社員の意向や希望を尋ねる各種アンケートを導入している企業は多いが、多くは実質的に活かされていない。なんとなく続いてはいるがフィードバックされることなく形骸化している。こうしたアンケートの現実に心当たりがある企業は多いと思う。

せっかく定性データを取っても活かせない。人間がそのデータを能力的に使いこなせないからだ。解決する方法は一つしかない。科学の力を活用すること。マーケティング視点でＩＴを駆使することだ。それ以外に定性データを活かす道はない。

定性データで顧客の本音をつかんだ衛星放送会社

ここで、マーケティングにおいて定性データを分析することで顧客の解約防止につとめている衛星放送会社の例を紹介しよう。

この会社では、コールセンターに寄せられる解約理由をテキストマイニングを使って年代や世代構成、職業などライフスタイル別に分析し、解約防止施策に反映させている。コールセンターに寄せられる解約理由を分析すると、単語ランキングの1位が「引っ越し」だった。引っ越し自体はその会社では止めようがないが、引っ越しをしても本人に継続意思があれば解約にはつながらないはずだ。

引っ越しはあくまで引き金であって、背景に異なる理由があるのではないか。この仮説をもとに、この会社ではテキストマイニングでさらに深掘りの分析を行った。

すると、例えば20代の男性では「サッカー」や「ワールドカップ」といったキーワードが多出していることが判明する。大きなスポーツイベントがあるから入会をしたけれど、もう終わってしまったので解約をするというのが本当の理由だったわけだ。

同じように30代、40代の女性の解約理由を分析すると、今度は「韓流」や「韓国」といったキーワードが頻繁に登場していた。好きだった韓流ドラマが終わってしまったから解約をしたい。女性たちの本音はここにあったのだ。

終わってしまったコンテンツに関しては再放送をする以外どうしようもないが、大規模なスポーツイベントや特定のパターンのドラマが契約の原動力になっていることがわかれば、次のコンテンツに反映できる。

顧客の好みにマッチしたコンテンツを充実させれば解約防止効果が期待できる。解約の申し出をした顧客にオペレーターから「来月こういう企画があるんですよ。もう少し続けてみませんか」という案内をすることもできるだろう。

この衛星放送会社では顧客のインサイトを探り、最終的にはコンテンツ開発に反映させて、解約を未然に防ぐ試みを続けている。そういった施策が可能になったのはテキストマイニングで定性データを分析できたからだ。

数字だけの情報では顧客の本音や実態はつかめない。解約者数はわかっても、解約理由を本音レベルであぶりだすことは難しい。表面的な情報の奥にある顧客（人）の本音をつかむ。これは企業の人事においても同じことである。

解約予兆をモデル化し未然に解約防止を図る

もう一つ、人事にも応用できるマーケティングの事例を紹介したい。

ある金融機関では、解約した客にその理由を尋ねているだけでなく、解約をした顧客のこれまでの問い合わせ履歴も確認している。すると、解約前の問い合わせ内容と解約状況に一定の相関があることが明らかになり、統計的にスコア化できた。特定の問い合わせをしてきた客は3カ月後に解約をする確率が高いことが判明し、解約予兆の法則をつかむことができたのだ。

「こうした客は解約の可能性が高い」というモデル化ができてしまえば、予防策を打ちやすい。解約を申し出てきた客の決意を翻意させるのは容易ではないが、解約を未然に防ぐことは不可能ではない。

「解約予兆」とは、人事で言えば「離職予兆」だ。こんな不満を漏らしている人は辞めやすい。過去にこうした発言があった人は退職する危険がある。そうした予兆をつかんでモデル化できれば離職を防止しやすくなる。

実際に、すでに退職してしまった人たちが在職中に回答したアンケート結果を分析して、離職防止につなげている企業の例もある。

会社を去ってしまった人たちのデータは時系列で増えていく。ただ管理しているだけではそこから得られるものは少ないが、その人たちが過去に提出していたアンケートや業務日報を活用して当時の心の内面を分析できれば、今後の離職防止には有効だ。

この会社が過去のアンケートを分析したところ、先の金融機関の「解約」と同様に、退職した人の過去の発言に共通するキーワードが存在することがわかった。同じような発言をしている人が現社員の中に存在することがわかれば、離職を未然に防ぐために、配置や業務内容、業務量、評価の伝え方などさまざまな角度から手を打てる。辞めてしまった人はもう自社とは関係ないなどと考えずに、そこから次につながるヒントを探るのも人事の役割の一つだ。

会社によっては、離職防止の意味も兼ねて業務日報を書かせているところもある。業務日報はふつうに考えれば単に上司に報告するための資料に過ぎないが、この会社では収集した日報にテキストマイニングをかけて、先の会社同様、辞めた人が日報にどういったことを書いていたのか、共通するキーワードを読み解いた。現在、そのキーワードをもとに具体的な施策を練っている最中だ（離職防止については、第4章でより具体的なアプローチを解説しているので、詳しくはそちらをお読みいただきたい）。

このようにマーケティングですでに実践している科学的なアプローチは、そのまま顧客を社員に置き換えるだけで人事にも通用することがおわかりだろう。

社員（顧客）に社員（顧客）であり続けてもらうためには何を変え、何をやめ、どんな業務や研修（商品やサービス）を提供すればいいのか。社員（顧客）にモチベーション高く働いてもらうには（商品やサービスをアクティブに利用し続けてもらうには）どんな手を打てばいいのか。社員（顧客）の声には社員の定着に欠かせない貴重なヒントが隠されている。

それらを見える化し施策につなげていくのが科学的人事である。マーケティングが科学的なデータ活用で成果をあげていることを考えれば、人事戦略でデータ活用がなされていないことの方が不自然だ。

「ハイパフォーマー社員」は「優良顧客」に置き換えられる

マーケティングの世界では優良顧客をいかに増やし、定着化するかが重要視されている。優良顧客とは、売上・利益が大きい顧客、来店・来訪回数が多く購買金額の高い顧客を指す。自社商品やブランドに愛着を持ち、企業と信頼関係を結んでいるロイヤルカスタマーも優良顧客の一員といえる。

こうした優良顧客は企業にメリットを与え、収益を支えている。企業の未来を考える上でもっとも大事にしなくてはならない存在だ。だからこそマーケティングではＩＴを使って優良顧客の発見につとめ、定着化を図っている。

では、マーケティングの世界ではどのようにして優良顧客（ハイパフォーマー）の分析を行っているのだろうか。

ある通販会社では、顧客データと購買データ、メルマガの開封率など各種マスタデータを統合し、セグメントし、分析することで、「誰がいつ何を買っているか」を浮き彫りにし、優良顧客の実態をつかみ販促施策の企画に反映させた。その結果については効果測定を怠らず、ドリル分析（全体概要から個々の顧客へと掘り下げて詳細に分析する手法）も実施。再び次の施策へとつなげ、マーケティング部門では当たり前の「顧客を知り、ＰＤＣＡを回す」ことを実践している。

この「優良顧客」を人事に当てはめると、ハイパフォーマーやロイヤルティーの高い社員といえるだろう。営業成績の高い社員、効率的に仕事をこなす社員、愛社精神の高い社員たちだ。

多くの企業の人事部が持っているデータをマーケティング部門に置き換えれば顧客データと購買データになるだろう。

顧客データとは人事でいえば社員の基本情報にあたる。

一方、顧客データに紐づく購買データは、業務履歴や評価、勤怠、モチベーションのような、社員に紐づいて時系列で蓄積されていくデータと考えられる。しかしながら、これらのデータが統合されていないため、例えば営業実績が一定金額以上の社員、過去3年間の評価が特定の点数以上の社員といったハイパフォーマーを特定したくても、いちいち必要なデータをかき集めて統合、集計しなければならない。

さらに定性データの活用へのハードルは高く、評価や成果が高いハイパフォーマーが何を考えてどのように仕事をしているのか、いったい何が評価され、やる気や将来の希望はどうか、愛社精神が高い社員は採用時にどのような発言をしていたのか、モチベーションはどうかといった、ハイパフォーマー社員をかたちづくる要素を探り当てることはきわめて困難だ。ハイパフォーマーの要件定義ができれば採用時にも反映できる。マーケティングの優良顧客分析に学びたい。

人事データと人材データは別物である

さきほどデータには定量データと定性データの2種類があると述べたが、それとは別の軸での分類がある。

人事データと人材データだ。ほとんどの人事部門が管理しているのは前者の人事データである。社員情報といったときに誰もがまず思い浮かべるデータである。

具体的には社員番号や勤続年数、年齢、部署、経歴、評価や勤怠が該当する。しかし、科学的人事を実践していくためにはこれらのデータだけではまったく足りない。

必要なのは後者の人材データだ。従来の人事データにエモーショナルデータやメンタルへ

図表2-4　科学的人事に向け収集すべきデータとは

ルスデータが加わった人材データである（図表2－4）。

　エモーショナルデータとは人の内面に関するデータを指している。その人の適性、その人の得意分野や将来への希望、会社に対する声、エンゲージメント。こうした内面のデータがなくては社員を知り理解することは難しい。ましてや最高のパフォーマンスを発揮してもらうことは不可能だ。

　しかし残念ながら、マーケティング的視点を持ち、顧客を理解するように人材データを通して社員の理解を図っている人事部はまだまだ少ない。2016年の「人事白書」では「7割の企業が人材データの活用をできていない」と報告されているが、実際の割合はもっと高いと感じる。我々が見る限り、人事管理でとどまってしまっている人事部が大半といった印象である。

つまり、人材データを活用している会社はほんの一握り。きわめて少数派なのである。これは企業の規模や業種とはほとんど関係ない。大企業であっても、多くの会社では人事の役割は給与管理、勤怠管理、異動したときの管理など人事情報の管理止まり。管理と名の付く業務が人事部の中にたくさんあるため、人事部とは管理業務をする人たちとして見られ、自分たちもそう認識している。

しかしこのままでは本当の意味での人材活用はおぼつかない。人材に最大のパフォーマンスを求めても絵に描いた餅だ。

いま人事に必要なのは、まず既存の人事情報を集約すること。そして、不足しているエモーショナルデータやメンタルヘルスデータを集め人材情報として統合し、社員を見える化することだ。

動的データと静的データはどう違う?

動的データとは、社員のモチベーションや満足度といった日々変化する情報を指している。

文字通り、動いていくデータである。

この動的データに対して、さほど更新頻度の高くない情報を静的データという。年齢（生年月日）や学歴といったデータは一度登録されればその後更新されることはほぼない。管理目的で収集されている静的データの代表格だ。

だが、社員が備えている技術や資格、知識や経験はどんどんアップデートされる。知識は日に日に増え、社歴が長くなれば経験も増していく。目標設定や満足度、将来への希望も変化するのが当然だ。

仕事に対するストレスやモチベーションはもっと頻繁に変化する。モチベーションは、エモーショナルであり動的である代表的なデータといえるだろう。

こうした動的データは意識的に収集していく必要がある。経営状況は日々刻々と変わり、その中で社員を活かそうとすれば静的データだけで対応できるはずがない。働き方改革や離職防止を推進していくためにも動的データは必須である。

今後は動的データの収集にＩｏＴ技術の活用が進むと見ている。具体的にはスマートウォッチで社員の心理状態や健康状態を自動的に収集したり、見守りカメラで社員の表情を自動的にモニタリングし、表情解析により状態を数値化するといった試みだ。

こうしたテクノロジーを使って社員のストレス度合いや働き具合を見える化する技術はす

でに一部実用化されている。社員のメンタルの状態や組織の活性度や親密度がリアルタイムに把握できるようになる時代は意外に近いかもしれない。

これらのデータは動的データの最たるものだ。もちろん倫理的に問題がない範囲で、明確な活用目的とセットにした上での導入が前提となるが、将来的には、従来の人事データ＋新たに取得すべきエモーショナルデータ＋将来的に収集できるメンタルヘルスデータの3つが揃った形で活用されていくだろう。

動的データを静的データと掛け合わせる

更新頻度の高くない静的データと、頻繁にアップデートされる動的データ。この性質の異なるデータを掛け合わせれば、日々刻々と変化するメンバーや組織の状況を可視化できる。これまでは気がつかなかった新しい発見が得られるのだ。

離職防止を例に説明しよう。

静的データだけで判断すると、勤続期間が3年未満の人は辞めやすい、あるいは転職を過去に2回以上した人は退職しやすいという結果が導き出せるかもしれない。

しかし、ここにモチベーションやマインドなど、社員の内面を見た動的でエモーショナルなデータを掛け合わせて分析すると、違った様相が見えてくる。離職と強い相関関係にあるのは、勤続期間の長短よりも、直近の人事異動でモチベーションが下がり、かつ残業時間が増えていることかもしれない。転職回数よりも、ストレスの方が退職の引き金になっているかもしれない。異なるデータの掛け合わせは、単なる属性データでは読み取れない傾向や特徴を教えてくれる。

本当に人材を活かしたい、社員を理解し、パフォーマンスを高く発揮してもらいたいと考えるのなら、人事データにエモーショナルデータ（動的データ）を加えた人材データの活用が不可欠である。

複合的なデータ分析が仮説検証を可能にする

営業成績の良いハイパフォーマーが持っている「スキル」と「マインド」を掛け合わせてみるのも面白い。

マインドとは、一般的には適性検査などで表される内面の行動特性、性格特性と考えると理解しやすい。ハイパフォーマーが仕事に対してどう向き合っているか、どんな適性を持っているかが見えてくるのだ。さらにワークログと掛け合わせれば、成果を出す人材は日々、どのような時間の使い方をしているのかがつかめるだろう。

自社において成果を出しやすい人材の性格やマインドをつかむことには大きな意義がある。この会社に向いているのは静かで慎重な性格の人なのか、アグレッシブな人の方が成果を出しやすいのか。自社が置かれた環境下で高いパフォーマンスを発揮している社員の性格的な特徴やマインドを把握できれば多角的に応用できる。

有効活用されないまま形骸化していることが多い社員アンケートも、ワークログと組み合わせれば興味深い結果が得られるはずだ。満足度の低い社員の業務負荷を把握できるだろう。ES調査と業務日報を組み合わせることで、満足度の低い社員は日々どんな悩みを抱えているのかも明らかになってくる。複合的なデータ分析が仮説検証を容易にするのである。

適性検査もぜひとも掛け合わせに活用したいデータである。採用時の足切りのためだけに利用している企業が多いが、マーケティング的な発想でいえば、ぜひとも全社員分の適性データを備えたい。

全社員の適性を把握する効用は、採用活動にフィードバックできる点にある。応募者の適性検査の結果を自社の優秀な人材と比較することができるようになる。この応募者は現社員の誰に性格が似ているのかが明らかになれば、最初の配置やインストラクターを決める際の貴重な指針となる。入社後の活躍の予測も不可能ではない。

人材のポートフォリオ分析が可能に

人材データの掛け合わせには次のようなパターンもある。ある事業部で働く人材の勤務時間と残業時間に、仕事の楽しさを掛け合わせるのである。

前者を横軸に、後者を縦軸にして事業部のメンバーをプロットすれば、勤務時間や残業時間は長いけれど楽しく仕事をしている人、逆に仕事に費やす時間が多くかつ仕事を楽しめていない人が明らかになる。

仕事の楽しさをデータ化するのは難しいと思われるだろうか。実際にはそこまでではない。例えば1日の終わりにスマホやタブレットなどのデバイスを使って、「仕事は楽しいですか」「達成感はありましたか」という問いに何段階かで答えてもらえばいい。日々の業務の達成度（パフォーマンス）とは別項目にすれば、率直な回答を引き出すことができる。

自分のいまの気持ちをピッとタップすれば、それで回答完了。導入にも大きなコストはかからず社員の心理的負担も少ない。それでいてデータが蓄積されていけば有効に活用できる。それは、日々動いていくエモーショナルな情報の集合体となるからだ。

勤怠のデータとモチベーション、勤続期間と楽しさを掛け合わせてみても有効な結果が得

図表2-5　人材ポートフォリオ　（モチベーション×勤続期間）

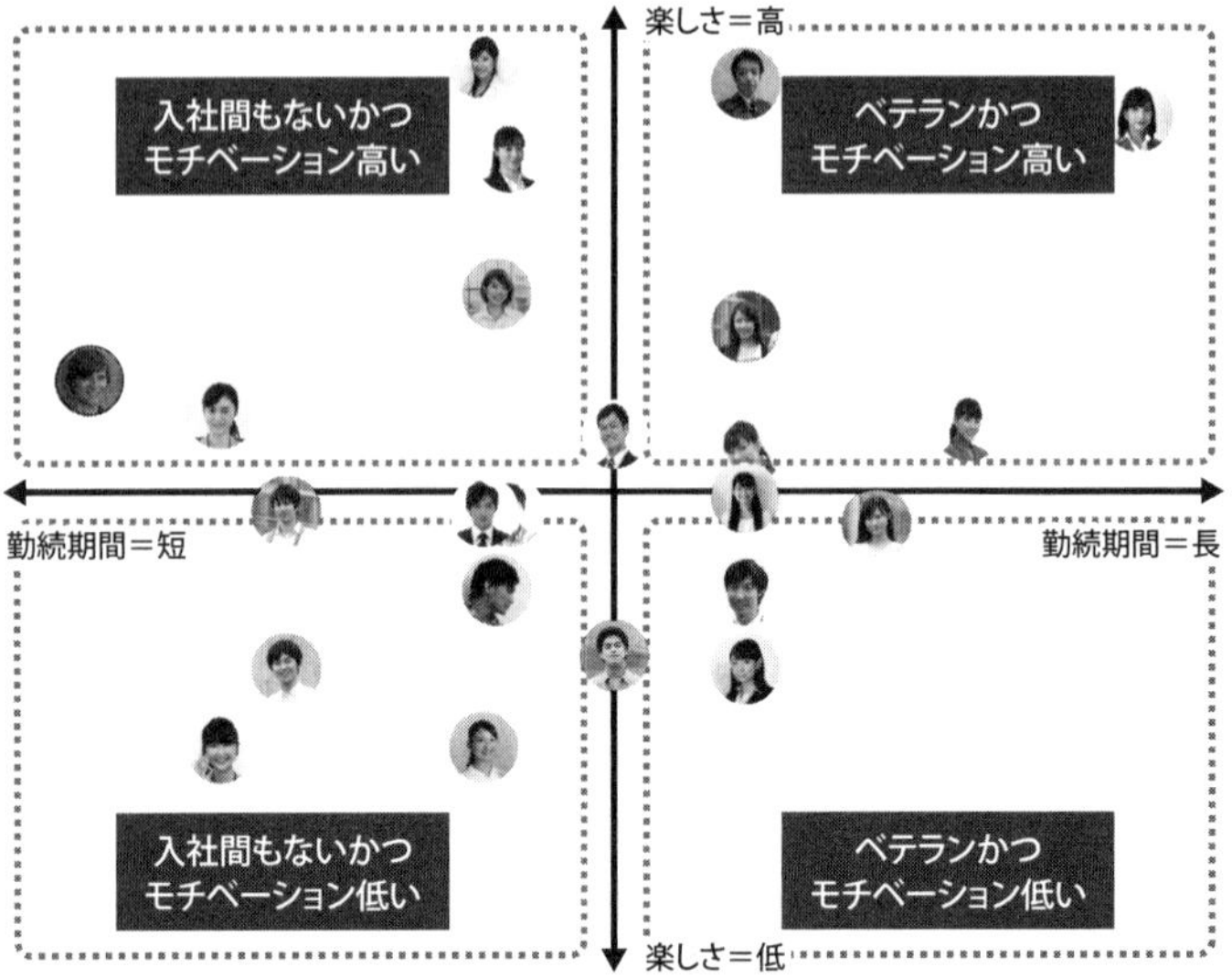

られる（図表2－5）。後者の場合、ベテランでかつ楽しく仕事に励んでいる人、入社間もないにもかかわらず、すでに楽しさを感じられなくなっている人などを把握することが可能だ。

勤続期間と売上実績のように掛け合わせる要素をもっと増やすことも不可能ではない。人材データを見える化した上で掛け合わせを行い、さまざまな角度から人材ポートフォリオを見てみたい。

チームビルディングも科学的になる

人材データの掛け合わせは抜擢人事にも有効だ。20代〜30代の人材のスキルと成果、本人の希望業務を横串分析すれば、抜擢に値する人材が浮かび上がってくる。マーケティング的発想でいえばこれこそがセグメンテーションだ。

適性検査の結果など人の内面がわかるデータを軸にして掛け算をすればチーム編成にも応用できる。アグレッシブさのある人と冷静な人とをチームで組み合わせるといった采配も自在に行える。

既存のチームメンバーの性格分析を行ってみるのも、今後の方針作りに役立つのではないだろうか。実際に弊社で実施してみたところ、あるプロジェクトチームは自責性（自分を責めやすい性格）の高い人が多く、自分への自信や、独自性に欠ける人が多いという結果が明らかになった。

このようにチームの強みや弱み、性格の偏りをつかめるわけだ。エッジが立っている要素がわかれば逆に弱みを補完する人材を投入する、あるいは人材を入れ替えることでチーム力の底上げを図ることができる。プロジェクトメンバーの適性分析を行って、リスクの回避能力が低いメンバーが多いことがわかれば、リスク耐性が高い社員を投入するという施策も考えられる。チームとしての強みを伸ばすためにさらに性格の似た人材を投入するという選択肢もあるだろう。

チームをどのように編成すべきか、誰を入れ、どんな人を増やし、どんな人を減らせば強みを伸ばせるのか。人材が見える化されればエッジと補完が自在になり、パフォーマンスを発揮できるメンバーをアサインできる。科学的なチームビルディングが可能になるのである。

なお、こうした掛け合わせの具体的な実践方法については第3章で解説している。そちらを参照されたい。

データ加工の手間は人を思考停止にする

このようにさまざまな掛け合わせが可能なのも、データがあらかじめ統合されているからだ。もしデータがバラバラで、ある仮説を検証するために複数のデータを取り出し、手間をかけて掛け合わせなければならないとしたら、人はそこで考えることをやめてしまう。面倒なデータ加工作業を前にして思考が停止するのだ。

図表2-6　科学的人事を阻むデータ加工の罠

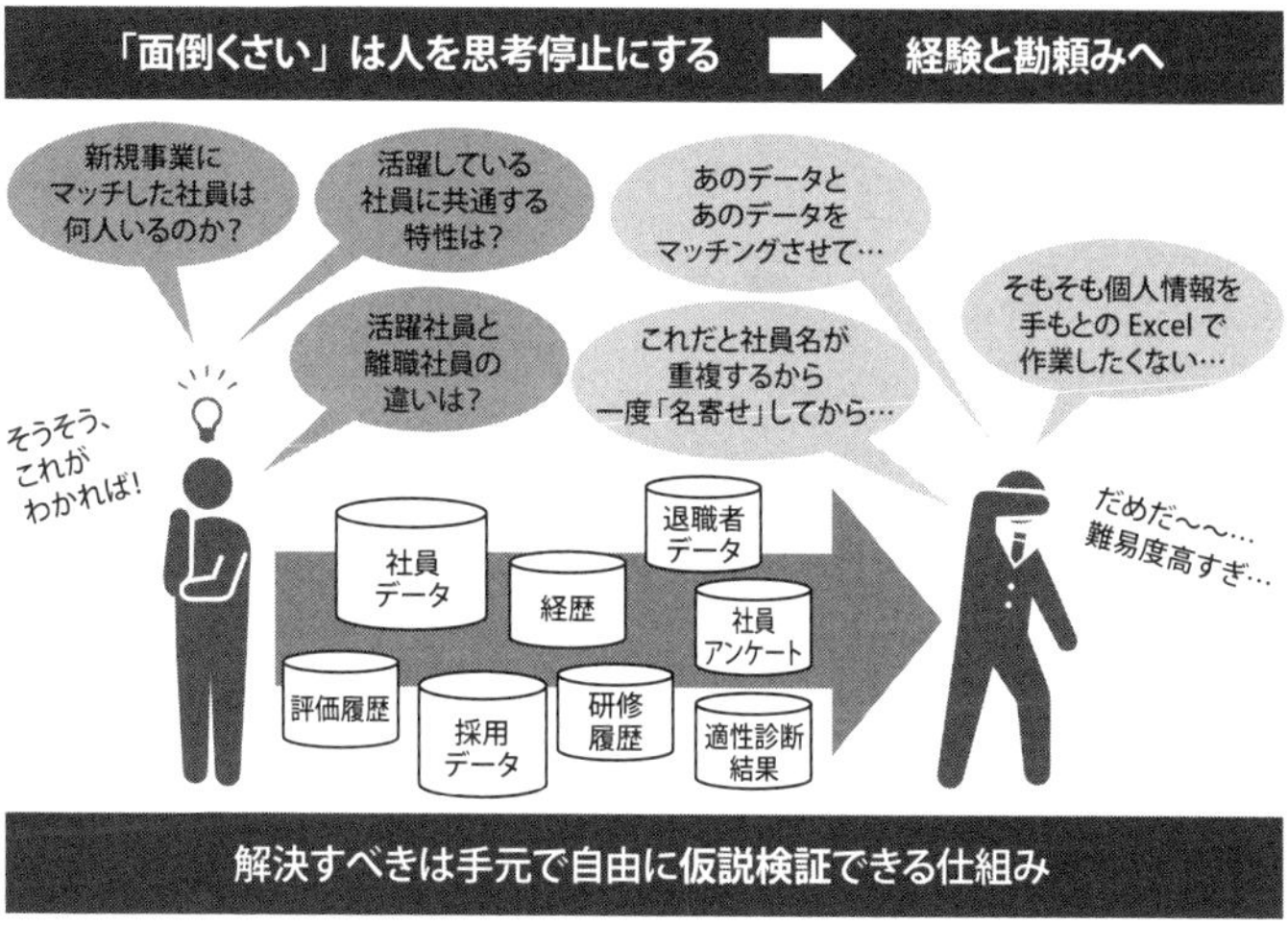
「面倒くさい」は人を思考停止にする
経験と勘頼みへ
新規事業にマッチした社員は何人いるのか？
活躍している社員に共通する特性は？
あのデータとあのデータをマッチングさせて…
そもそも個人情報を手もとのExcelで作業したくない…
活躍社員と離職社員の違いは？
これだと社員名が重複するから一度「名寄せ」してから…
そうそう、これがわかれば！
だめだ〜〜…難易度高すぎ…
退職者データ
社員データ
経歴
社員アンケート
評価履歴
研修履歴
採用データ
適性診断結果
解決すべきは手元で自由に仮説検証できる仕組み

実力のある誰かを抜擢しよう。こう考えたときにバラバラのデータを集め、頭の中で抜擢する人材を導き出すために必要な作業を考えて、それがとんでもなく煩雑であることがわかると、人はどうするか。たいていの場合、「まあ、いいや」と思い直し、作業の手をとめてしまう。面倒な作業を前にすると、人は思考停止に陥るものだ。思考停止になったらどうするかといえば、経験と勘頼みになる(図表2-6)。

これでは属人的人事に逆戻りだ。せっかくのデータがまったく活きてこない。こうして、科学的にデータが活用されることがないまま、属人的人事が生きのびてしまう。

これは、複雑な手順を厭う人の問題ではない。現場で自由に仮説検証できる仕組みがないことが問題なのだ。

現場で自由に仮説検証できる仕組みをつくる

企業の経営層は日々いろいろなデータを見たがる。パフォーマンスが高い人はどんなマインドなのか、日々の仕事ぶりや適性はどうなのか。

だが、データ分析を指示された担当者は疲弊する一方となる。途方もない煩雑さを前にして完全に思考が停止し、結局は根拠がない経験と勘に依存してしまう。

ここでの一番の問題は作業に時間がかかることではなく、考えることをやめてしまうことだ。人の思考は何を見ているかで規定される。仮説検証がスムーズに進むことがわかれば、思考が働き、科学的な検証が進む。

そのためには、現場で自由に仮説検証できる仕組みがいる。仕組みがあれば、人の思考は自由に羽ばたき、さらにいろいろな掛け合わせを考えるようになるのだ。重要なのは「考える人事」を実現する仕組みを用意することである。

人材データ活用にはレベルがある

ここで、科学的人事のデータ活用にはレベルがあるということをお伝えしよう。

先にも述べたが、集計は分析とイコールではない。集計によって現状を理解することはできても、次のアクションにはつながらない。

次の仮説や検証に結びつくのは分析である。データを分析することで、その原因や因果関係が想起され、次のアクションへと活用できるヒントやアイデア、気づきが得られるのだ。

以下、科学的人事のレベルについて、段階を追って説明しよう。

《レベル0》単一データの管理・集計

残念ながら、多くの企業はここにとどまっている。

人事に関するデータがあっても社員数や勤怠の集計止まり。分析しようにも材料がほとんどないレベルといった方がいいだろう。

《レベル1》単一データの分析

このレベルになると、集計一辺倒から脱し、分析を実施するようになっている。といってもせいぜいが社員を検索したり、評価結果を分析する程度。最近ではモチベーションを分析する人事も増えているが、用いているのは単一のデータだけというところが多い。

Excelを使いこなす人が一人いれば、単一データの分析からちょっとしたグラフ化までは可能であり、データ活用度としてはレベル1となる。

《レベル2》複数のデータの掛け合わせによる傾向の発見

このレベルになると、ようやく複数のデータの掛け合わせが実現する。掛け合わせに使う要素はさまざまだ。スキル、技術や資格、人事評価、知識や経験、営業成績。いくつものデータを組み合わせて相関関係を見ることで、人事戦略につなげていくことが可能なレベルだ。

ただし、レベル2で使用するデータは静的データがほとんどであることを強調しておこう。動的データの本格活用は次のレベル3の段階だ。

《レベル3》動的データの活用

このレベルからいよいよ動的データの活用が始まる。日々の状態をモニタリングしながら、PDCAサイクルを高速回転させるレベルだ。ビッグデータの活用はこのレベル3から本格化する。

《レベル4》データを活用した未来の予測

科学的人事のデータ活用の最終レベルである。例えば離職社員や現在のハイパフォーマーを分析することで、辞めそうな社員の予兆の発見や採用時における活躍予測によるミスマッチの防止に活かすのがこのレベルだ。過去・現在のデータの蓄積とそれを分析することで得られる知見は、そのまま、未来の社員の状態の予測に活かすことができる。メンタルヘルスデータなどの活用も視野に入ってくるが、このレベルに達している会社はまだほとんどないはずだ。

さて、あなたの会社の人事データ活用はどのレベルだろうか。率直に言って、レベル0からレベル1止まりの日本企業がまだまだ多いのが現状だ。

だからといって、データがまったくないわけではない。レベル0であっても、少なくとも社員情報や勤怠管理のデータは所有しているのだから、まずはレベル1にステップアップできるよう不足しているデータを揃え、統合し、レベル2の複数データの掛け合わせを目指したい。掛け合わせから何らかの傾向が読み取れれば、科学的人事の効果を実感できるはずだ。

社員の見える化がもたらすもの

この章の最後に、社員の見える化がもたらすマイナスの側面について触れておきたい。

社員のマインドやスキル、業務経験や目指す方向、満足度などを明らかにすれば、プラスの側面が明らかになるだけでなく、苦手とする業務や会社との不適合などマイナスの側面もつぶさに見えるようになってくる。社員の見える化とは良い面だけの「見える化」ではない。長短を同時にあぶり出す。

スキル分析をすれば、スキルの高い人がはっきりする一方、スキルが不足している人も露呈する。だからといってスキルが高い人だけを伸ばしていけばいいのか、抜擢すればいいのか、スキルが低い人はリストラすればいいのかというとそうではない。いまは停滞している社員をどう育成していくのか、いかに覚醒させるのかという問題とセットで考える必要がある。

科学的人事戦略の目的は退職者をゼロにすることではない。辞めてほしくない社員、有能な社員を会社にとどめ、さらにパフォーマンスを発揮してもらうことだ。

そもそも現実問題として退職者をゼロにすることは不可能だ。この社員にはずっといてもらいたい。そう考え、処遇を考え、ワークログを注視し、高い満足度を維持しようとしても、本人がどうしても辞めたい、他で活躍したいというのであればそれを覆すことは難しい。

成果があがらない、モチベーションが低い。科学的人事戦略を実践することで浮き彫りになるそうしたマイナスの側面については、育成や教育という観点から考えるのが望ましい。

退職者ゼロを追求するよりも、能力を活かし切れていない人をどう活かすかが重要だ。ハイパフォーマーを伸ばし、離職を防止する一方で、いまの業務に合わないと感じている人がいるとわかれば、別の部署で力を発揮してもらう方法はないのか、モチベーションを上げるためにはどんな育成プログラムを用意すればいいのか、スキルをいかにして向上させるべきなのかといった施策を推し進めていく。その2つを同時進行させることができるのが科学的人事戦略である。

Column

「社員の回答は本音か？」社員アンケートを取得する意味

社員満足度アンケートや自己申告書で、果たして社員は本音を語ってくれるのか？といった心配をされる方が多い。

たしかに回答する社員にとっては、「率直に書くと自分の評価が下がってしまうのではないか」という不安や、「回答をしたところで会社側が変わることは期待できない」といったあきらめの気持ちもあるかもしれない。会社側から提示されるアンケートに本音は書けないのでは？という懸念は、ある程度仕方ないことだろう。

ただ、考えてみてほしい。入社時の新入社員のころから、そういったネガティブな気持ちや会社への不信感があったのだろうか？そんなことはない。本来、社員は会社に希望を持って入社している。自らが成長できる環境として期待し入社しているのだ。そもそも、そういった社員が多いのであれば、それは本音を言ってくれない、という以前に、会社に不信感を持たせてしまう、何らかの問題があるのではないだろうか。

すでに会社を辞めようと思っている社員に対して、本音を期待するのは難しい。しかしまだここで頑張ろうと思ってくれている社員であれば、不満に感じている部分は会社に改善してほしいし、会社が良くなってくれるのであれば建設的な意見を正直に伝えてくれることだろう。

例えば匿名に近いソーシャルメディアの代表格であるツイッターでは、率直過ぎるくらいの本音があふれている。マーケティング担当者が顧客の反応をツイッターから収集しようとするのは、そういった理由からなのだろう。社内アンケートも匿名にすれば本音は出てきやすい。しかし一方で、ネガティブで言いっぱなしな意見ばかりが目立ってしまう可能性もおさえておくべきだろう。

ツイッターに本音があふれているのは、「匿名性」だけが理由ではない。もう一つ大きいのは、日々の感じたことを、感じた瞬間にすぐに発信できる「即時性」があることも、本音が入りやすい大きな要因ではないだろうか。

社員の気持ちや思いを収集する手段も同様に「即時性」が重要である。できるだけ頻度が高く、問題や不満を感じた瞬間に回答できる仕組みがいい。そして、シンプルな収集方法のほうが考え込むことなく回答しやすいので、偽りの少ない本音を集めることができるのである。

シンプルで頻度が高く社員の声を収集できる仕組みを作ることで、時系列の変化もキャッチすることが容易になるだろう。人事異動や上司の変化だけでなく、仕事の細かい単位での変化、新しい取引先、提案案件、ちょっとした雑務、同僚の退職や家庭での問題など、環境に少しでも変化があったとき、社員の気持ちの動きをとらえることができれば、会社も素早くアクションがとれる。さらには、そのアクションの結果のフィードバックも得られ、スピーディーなＰＤＣＡが回せることになる。

社員が正直に本音を言ってくれるわけがない、なんて疑心暗鬼になる必要はない。正直に言ってくれる社員の声を聴くだけでも価値はある。できるだけシンプルに、頻度は高く、変化に気づける仕組みづくりを目指すべきだろう。

第3章

ここまで進んだ、科学的人事分析手法

1 マインド分析

①適性検査を全社員に実施せよ

科学的人事を実践していくためには、これまでの経歴や経験といった社員情報に加えて、マインド（考え方／価値観、適性／資質）やスキル（技術／資格、知識／経験、得意分野）、モチベーション（楽しさ／達成感／ストレス、働き方）といった人の内面に関するデータが必要であることは第2章で紹介した。従来の人事データに、このようなエモーショナルデータが加わった人材データがあって初めて、人材の抜擢や最適配置に効果的に活かすことができる。

この章ではマインドやスキル、モチベーションといったエモーショナルデータの分析手法についていくつか特徴的なものを詳しく述べていくことにしよう。これこそが、科学的人事の一番の肝であり、これまでの属人的人事ではまったく省りみられなかった、もしくは一時的なデータ利用に限定されていた領域だ。エモーショナルデータを用いた深い分析こそが、科学的人事のもっとも衝撃的なポイントといってもいいだろう。

社員のマインドを探る場合、一般には適性検査が用いられている。一定の行動や職業に対してその人がどれほど適した素質を持つかを測定する適性検査はこれまでにさまざまな手法が編み出されてきた。代表格と言えるのが、リクルート社が作成したSPI（Synthetic Personality Inventoryの略）やエン・ジャパンが開発した3Eテスト、エージーピーが作成したCUBICだろう。いずれも短時間でその人の知的能力や性格・価値観、パーソナリティを測定し、個人を判定するための検査手法だ。

もっとも、こうした適性検査が活用されるのはほぼ採用時のみ、という企業が大半ではないだろうか。応募者をふるいにかけアセスメントするための指標としてのみ活用されているのが実態で、全社員に適性検査を実施している企業は少ない。

しかし、科学的人事では人材を見える化するためのデータとして適性検査を位置づけている。真の意味で人材データを活用するためには、全社員の適性検査は不可欠と考えてほしい。社員の内面を知ることなくして、社員を理解することはできない。これは従来の人事とはまったく異なるアプローチである。

②社員の類似性を把握できる

全社員を対象に適性検査を行い、その結果を高度な分析手法を用いて解析すれば、社員の適性を見える化し、比較・評価できるようになる。高度な分析とは、多変量解析（ある対象から得られたお互いに関連のある多種類のデータを総合的に分析し、そこから将来の数値を予測する解析手法）やデータマイニング（大量のデータを収集・分析することにより、データに含まれるパターンや傾向、異常値を発見する解析手法）といった解析手法だ。さらには、人が発見できない複雑な構造を認識できるＡＩ（人工知能）の活用も有効であろう。

こうした手法を駆使することで、「Ａさんは在籍社員の誰に似ているのか」といった類似性をつかんだり、自社のハイパフォーマー（活躍している社員）の特性を多面的に分析することも可能となるのだ（図表３－１）。

社員の類似性がわかれば、さまざまな場面での応用が可能だ。ハイパフォーマーに近い特徴を持つ人材を獲得する、あるいはこれから入ってくる社員の将来の活躍度合いを推し量るためにも利用できる。適性検査そのものの結果からは「積極性が高い」、「環境順応性が低い」、といった傾向をつかめるが、さらに実在する社員との類似性を知ることで、より具体的にどういった人物なのか、どういった業務で活躍できそうかがわかり、採用のマッチング精度を

図表3-1　適性の類似性を分析し、活躍社員に近い人材を発見

■ハイパフォーマー（活躍社員）のマインド分析

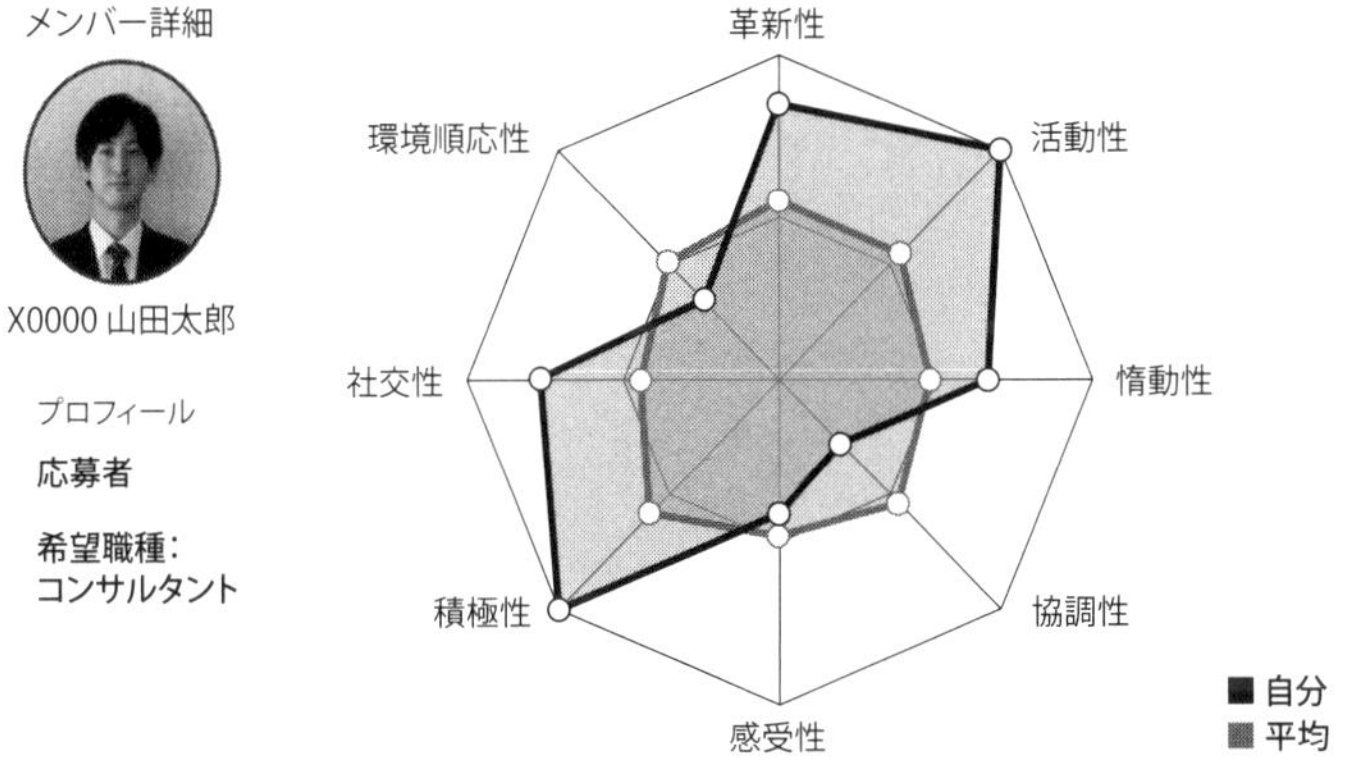

■類似メンバー分析によるハイパフォーマーに特性の近い社員

高めることができるのだ。

離職予防にも役立てられる。すでに辞めてしまった人と似ている点をあらかじめ把握しておけば、離職を防止する施策も打ち出しやすい。

新規プロジェクトのメンバーを構成する際に、メンバーのマインド的な偏りを避け、多様性のある人員を配置することにも有効に活用できるはずだ。独創的なアイデアを持つ人材を中心に、チームの潤滑油役を担う人材も入れ、リーダーはさまざまな困難に立ち向かう行動特性や全体をまとめる能力を備えた人材に任せたい。プロジェクトが軌道に乗った後を考え、リスク回避にたけた守備型の人材も配置したい。そうしたバランスの取れたメンバー設定も、社員のマインドを分析し適性を把握していればスムーズに行えるだろう。

社員の適性を考慮した人事異動も実施しやすい。これまでのように「AさんとBさんは相性が悪そうだから」という漠然とした勘ではなく、適性検査の結果に基づいた科学的な配置を行える。

このようにマインド分析は、組織のポートフォリオづくりにきわめて有用だ。人材がパフォーマンスを発揮しやすい組織を形作っていくためには社員のマインドの把握は必須である。

2 スキル分析

①スキルを感覚的に扱う従来型人事

科学的人事においては社員のスキルも見える化される。

ここでいうスキルとは、これまでの人事で感覚的に扱われてきたスキルとはまったく違うことを理解してほしい。従来は、人事の勘と経験で社員に必要であろうスキルリストが作られてきた。そこには科学的なエビデンスは介在していない。

具体例を挙げてみよう。

A社では営業パーソンに必要なスキルを表のようにまとめている（図表3－2）。いずれも営業職につく社員であれば一般に必要とされているスキルばかりだ。

営業部に所属しているBさんの場合、自社商品の機能や価値についての理解度は高いが、アイスブレイクや競合商品の理解などのスキルは低いという結果が得られた（図表3－3）。これまでの人事では、この低い要素を伸ばそうとする。弱みを克服するという方向性だ。

図表3-2　一般的な営業スキルシート例

項番	大分類	中分類	小分類	詳細
1	レベル1	基本動作	ビジネスマナー	誰に対してもさわやかに挨拶できる
2	レベル1	基本動作	ビジネスマナー	席次マナーを理解している
3	レベル1	基本動作	業務ルール	営業日報を忘れず提出できる
4	レベル1	商品理解	自社商品理解（機能的価値）	商品概要を理解している
5	レベル1	商品理解	自社商品理解（機能的価値）	価格表を説明できる
6	レベル1	商品理解	自社商品理解（機能的価値）	各種オプションを説明できる
7	レベル1	アポイント	日程調整	架電リストに対して躊躇なく電話できる
8	レベル1	アポイント	日程調整	時間を見つけてアポの時間を割り当てられる
9	レベル1	1次営業	アイスブレイク	商談に入る雰囲気づくりができる
10	レベル1	1次営業	商品説明	パワーポイントを使って商品概要を説明できる
11	レベル1	1次営業	商品説明	デモンストレーションによって商品特性を伝えられる
12	レベル1	1次営業	ヒアリング	お客さまの課題についてヒアリングできる
13	レベル1	1次営業	ヒアリング	個人ニーズか組織ニーズか判断するための情報を聞ける
14	レベル1	1次営業	ヒアリング	キーマン・予算・導入時期をヒアリングできる
15	レベル1	2次営業以降	顧客に合わせた資料作成	前回訪問の内容を整理できる
16	レベル1	クロージング	契約段階	見積書を作成できる
17	レベル1	サポートチームへの引継ぎ	引継ぎ会実施	提案内容をサポートチームに伝えられる
18	レベル1	サポートチームへの引継ぎ	引継ぎ会実施	お客さまの導入への期待を伝えられる
19	レベル2	商品理解	自社商品理解（使用的価値）	お客さまの業界、担当業務に合わせて商品を説明できる
20	レベル2	商品理解	自社商品理解（使用的価値）	事例を説明できる
21	レベル2	商品理解	競合商品の理解	他社商品名を知っている
22	レベル2	商品理解	競合商品の理解	自社商品と他社商品の違いを説明できる
23	レベル2	1次営業	商品説明	質疑に対して1人で応対できる
24	レベル2	1次営業	ヒアリング	オープンとクローズの質問を使い分けられる
25	レベル2	1次営業	ヒアリング	お客さまの真のニーズや検討の背景を知るための質問ができる
26	レベル2	1次営業	ヒアリング	意識的に宿題を持ち帰ることができる
27	レベル2	1次営業	ヒアリング	次回のタスク、スケジュールをお客さまと合意できる

図表3-3　従来：スキル＝一般的なスキルに対して、弱いところを補おうとする

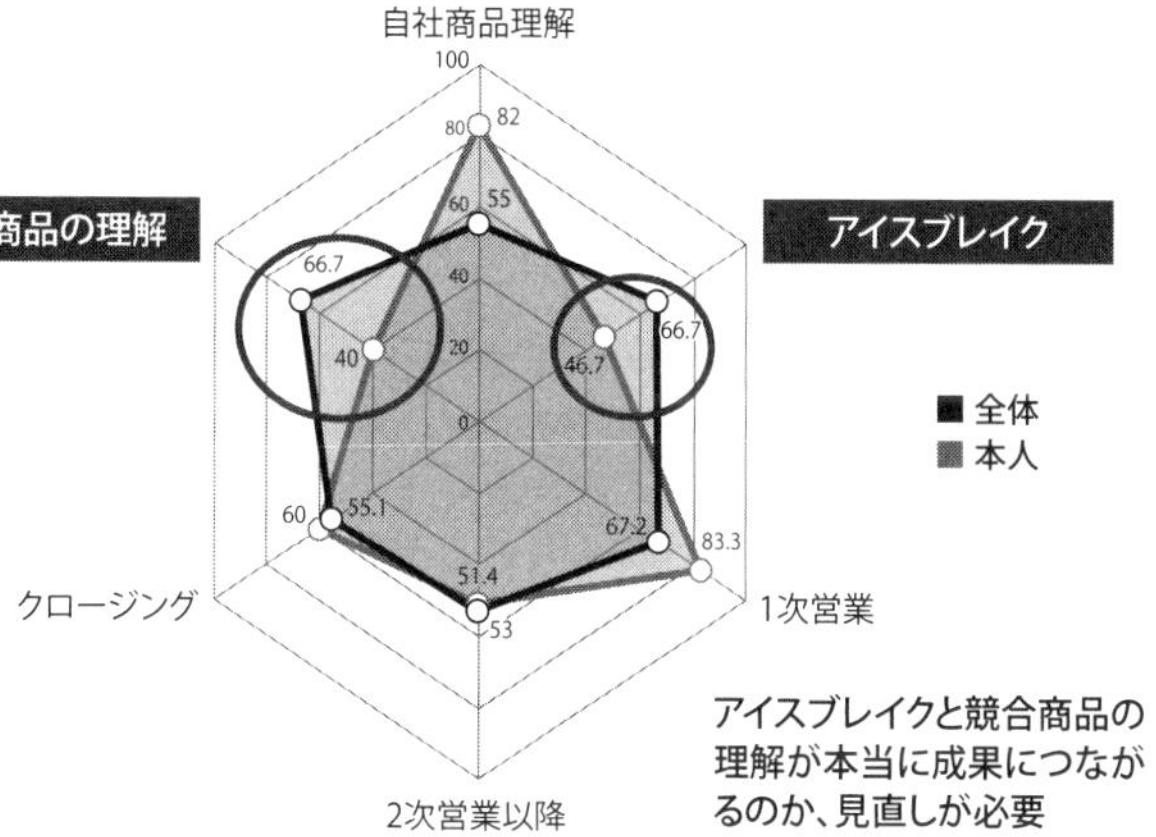

しかし、考えてみてほしい。アイスブレイクは本当に営業成績に直結しているのだろうか。もしかしたらそこには相関関係はないかもしれない。もしないとすれば、そのスキルを伸ばしたところであまり意味がない。貴重な時間を苦手なスキルを補うことに割くよりも、本当に成果に結びつくスキルを伸ばした方が効率的であり合理的だ。これが科学的人事の発想である。

②成果に結びつくスキルを伸ばす

成果に結びつくスキルは何で、どのスキルはあまり相関がないのか。それを測るには、全社員のデータが必要だ。成績とスキルとの相関を算出し、本当に必要なスキルとそうではないスキルとを洗い出す。

図表3－4　個人で身につけるべきスキルの優先度を分析する（影響プロット）

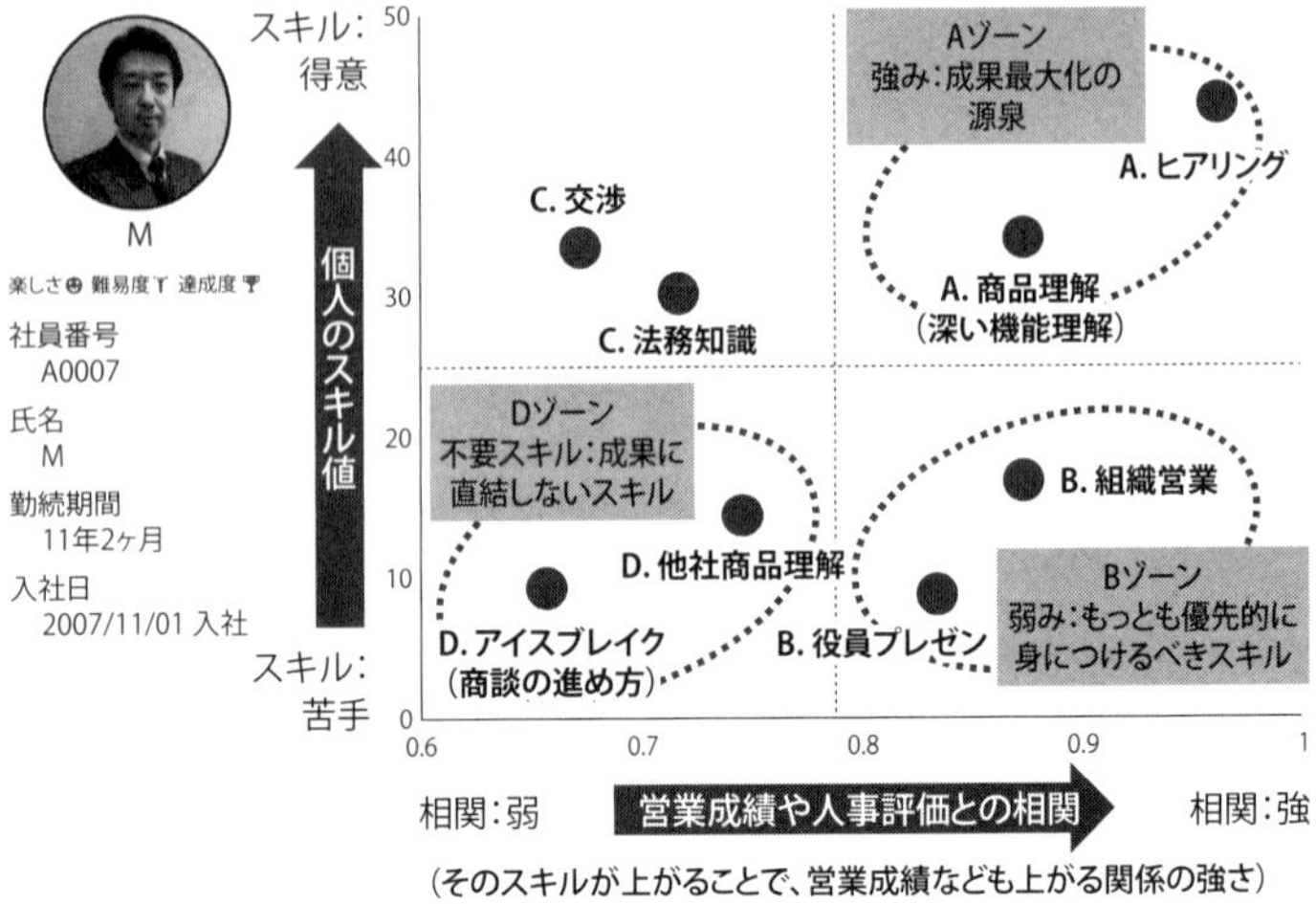

ある会社では、ヒアリングの能力や自社商品の機能への理解度、組織営業や役員プレゼンテーションの能力が営業成績に直結していることが判明した（図表3－4）。

その上で、Mさんのスキルと実績との相関関係を見ていくと、ヒアリングの能力や自社商品の機能への理解度については申し分がなかったが、組織営業や役員プレゼンテーションの能力が低いことがわかった。縦軸で当人のスキルを、横軸で営業成績との相関を示した影響プロットの図を見れば、成果をあげるために重要かつ、欠けているスキルがよくわかる。Mさんがもっとも優先的に身につけるべきスキルとは、組織営業や役員プレゼンテーションの能力だったのだ。

スキルとしては低かったアイスブレイクや競合商品の理解度に関しては、営業成績との相関関係が薄いため、特に時間をかけて伸ばす必要はない。優先的に時間をかけてやるべきことは、成果につながるスキルの向上だ。

成果をもたらすスキルは会社の業種や歴史、文化、扱う製品によって異なる。世間一般で必要視されている営業スキルが、必ずしも自社では意味を成さないこともあるだろう。また、スキルを設計定義した当時は有効なスキルだったとしても、時間が経って社員や顧客の価値観が変化し、陳腐化してしまうこともある。必要なのは、自社におけるスキルと成果との関係を継続的に検証するプロセスである。

3 モチベーション分析

①日々のモチベーションを収集せよ

モチベーションを測るために実施されているのが社員への満足度調査だ。モチベーションの尋ね方や設問の内容は企業によって微妙に異なるが、ほとんどの企業が年に一度程度しか実施していない。これでは実態を捉えたモチベーションの把握は不可能と言わざるを得ない。

高血圧の人には日々の血圧測定による経過観察が不可欠であるように、モチベーションも必ず時系列で追いかけていくことが重要だ。入社したときのモチベーションはどうだったのか、その後どう推移し、それは何がきっかけと考えられるのか、現在のモチベーションはどのような状態か。それらを探るには、日々の測定が欠かせない。

では、どのようにして頻度高く、社員のモチベーションを測ればいいのか。いまそう疑問に感じている方は多いかもしれない。答えは簡単だ。難しく考えずに、勤怠管理や業務日報にプラスする形で、簡単なアンケートを実施するのである。

いまの仕事は楽しいか、難しいか、達成感はあるか。そうした設問で構わない。シンプルな問いかけでいいから、頻度高くモチベーションを収集すること。毎日取れれば理想だが、運用によっては週1、月1から始めてみてもいい。とにかく継続的にデータを蓄積していくこと。これがポイントだ。

社員ごとに時系列でモチベーションをプロットし、その動きをトレースすれば、モチベーションの変化点を見つけやすい。社員のモチベーションを上げたいと言いながら、年に1回程度のモチベーションの把握だけで済ませるのはもう終わりにしたい。一人ひとりのモチベーションの推移を見ていくのが科学的人事だ。

②社員ごとにモチベーションを時系列で追いかける

例としてAさんのモチベーションプロットを見てみよう（図表3−5）。

縦軸を楽しさ、横軸を仕事の難易度とした時に、入社時のAさんのモチベーションは高いところに位置していた。入社早々は誰しも希望と期待に胸を弾ませている。楽しさが高いのは当然ともいえる。高くないと問題だ。逆に、まだ仕事に慣れていないため難しい仕事は任されず、難易度は低めだ。

Aさんの場合、一定期間、この高いモチベーションを維持していたが、あるとき転換点が訪れる。ここで一番好ましいのは時間とともにモチベーションが上がるパターンだ。仕事は入社時に比べるとだんだん難易度を増していくものの、そこにやりがいを感じ、楽しさが高まり、モチベーションが上がっていく。もっとも理想的な「充実成長」パターンである。

だが、仕事を難しいと感じると同時に楽しさが下がり、モチベーションが下がっていくことも考えられる。これは「疲弊危険」のパターンだ。仕事の負荷が重すぎるのかもしれないし、周囲から適切な支援を受けられていないのかもしれない。何か問題を抱えていることも予想される。ワークフローを見直す、業務を変える、部署を変えるといった対処法を考えた方がいいケースといえる。

図表3-5　社員のモチベーションの変化点、動きをトレースしていく

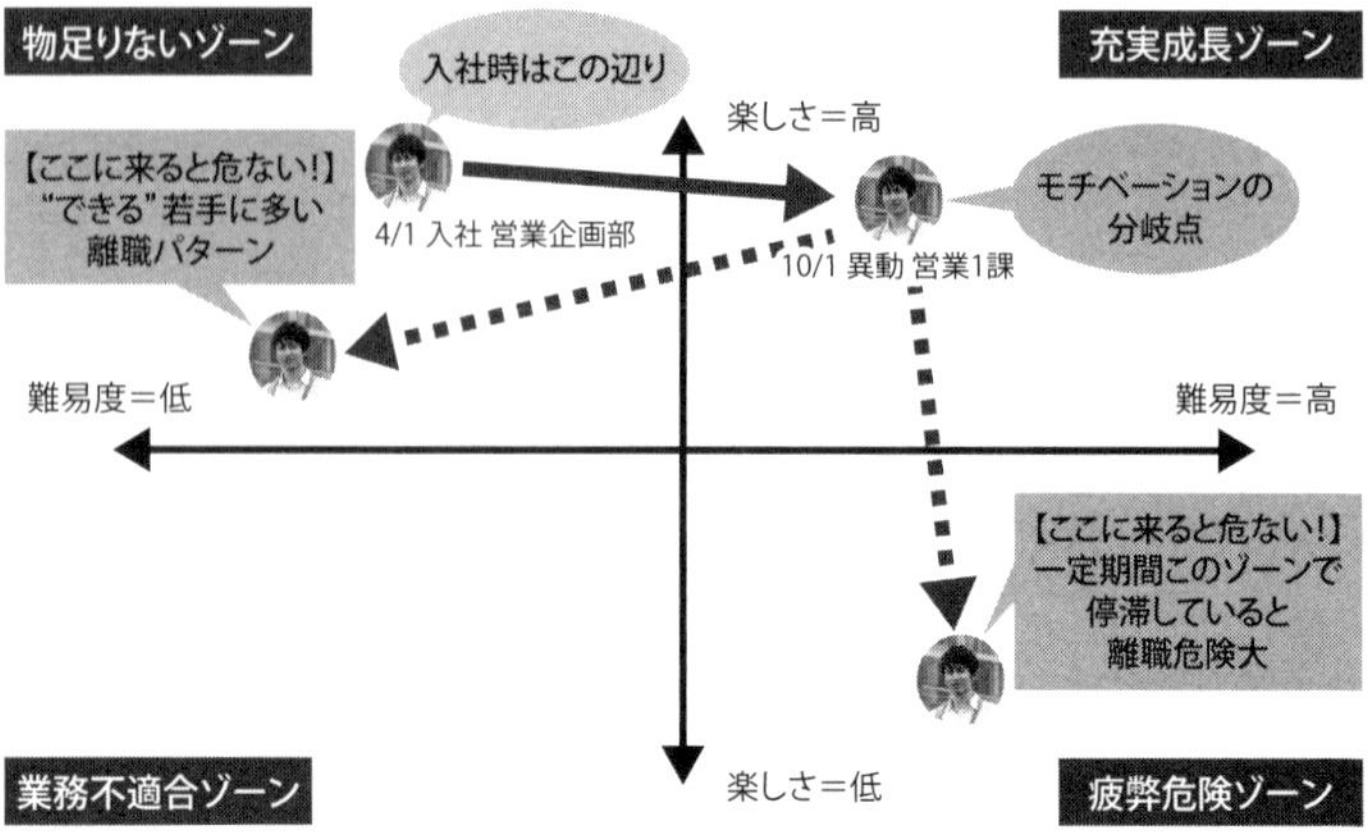

【モチベーションの分岐点】
●モチベーションが変わるきっかけ
- 部署（仕事の内容）が変わった
- 上司が変わった
- プライベートで変化があった　　など

【疲弊危険ゾーン　離職パターン】解説
●変化：充実成長ゾーン→疲弊危険ゾーン
●放置すると：疲弊して出社拒否、または離職
●要因：負荷が重すぎてストレスになっている
●考えられる状況：
- 能力を超えた負荷がかかっている
- 周りから支援を受けられていない
- 上司との関係など何らかの問題を抱えている　　など

【物足りないゾーン　離職パターン】解説
●変化：充実成長ゾーン→物足りないゾーン
●放置すると：前向きに転職していく危険あり
●要因：本人の成長意欲に対して、張りのある仕事が割り振られていない
●考えられる状況：
- 成長意欲がうまく発揮できていない
- 仕事が合っていない
- 上司との関係がうまくいっていない　　など

逆に、仕事は「楽しい」と回答しているにもかかわらず、仕事の難易度が低い状態が続くと、転職していくケースがある。弊社が言う、「物足りないゾーン」である。仕事はこなしているがやりがいを感じていない、張りのある仕事が与えられていないといった状況が考えられる。もしかしたら、上司とウマが合わないのかもしれない。

いずれにしても、難なく仕事をこなしながらモチベーションが低い社員がいるなら注意したほうがいい。仕事をてきぱきとこなす優秀な社員がある日突然、退職を申し出てきたというケースに心当たりはないだろうか。この場合、退職の理由のほとんどは仕事が簡単だから物足りない、他の会社に移ってより自己実現したいというものだ。

失いたくない人材に退職されるのは会社にとって痛手である。こうした事態を防ぐためにも、モチベーションをしっかりトレースし、先手を打って「もっと成長したい」というAさんの意欲に応える施策を講じるしかない。

モチベーションは自らの人事異動、上司の配置換え、同僚の退職、新しいプロジェクトへの参加など環境の変化を起点に動くことが多い。そうした変化を踏まえながらモチベーションをトレースしていくと対策を考えやすい。モチベーション分析は社員のパフォーマンスを引き出していくためにもぜひ行いたい手法である。

③定性情報はテキストマイニングを活用する

A　テキストマイニングとは何か

社員アンケートの中に設けた自由回答欄の記入内容は、社員のモチベーションを測る上で貴重な指針となる。

ここで必須となる分析手法がテキストマイニングだ。テキストマイニングが社員のインサイト（本音・想い）を把握するために欠かせない技術であることはすでに述べた。この分析手法なくして、仕事の満足度や将来の希望などを把握し、パフォーマンスの最大化を追求していくことは不可能だ。

まず、テキストマイニングの基本についてわかりやすく説明していくことにしよう。テキストマイニングとは、テキスト（文章）とマイニング（採掘）という2つの言葉から構成されている。ネーミングの由来からもわかるように、鉱山からダイヤモンドの原石を採掘するごとく、大量のテキストの中から人材や企業のパフォーマンスの向上に役立つ貴重な声や想い、志向を掘り出すための分析手法だ。

不満の理由や将来の希望がのぞく社員満足度調査、社員に対する評価の詳細や理由をつかめる面談データ、志望動機や面接結果が記された採用データ。人事にはこうしたデータが豊富にありながらも、そのほとんどが日の目を見ないまま眠っている。

数値データや選択項目であればExcelで簡単に集計できるが、通常の文章として書かれた自由回答欄の分析となるとそうはいかない。定量化や数値化されていない定性データの場合、テキスト一つひとつに目を通し、分析する作業は困難を極める。途方もない時間と手間が必要だ。

社員数が少ない会社ならいざしらず、社員数が多い会社で全社員分のアンケートの自由回答欄を読み、そこから傾向を読み解く作業を人手で行うのは不可能に近い。仮にできたとしても、スピーディーな意思決定が求められるいま、現場や経営層へのフィードバックに時間がかかるのであれば、分析結果の意味は薄れる。迅速な経営判断につなげるためにもテキストマイニングを使った定性データの解析は不可欠だと考えてほしい。

テキスト情報を深読みし、文の示す意味までとらえ、過去・現在の分析だけでなく、予測もできる。そしてそれらの一連の分析をスピーディーに行い、タイムリーな経営判断につなげられるのがテキストマイニングだ。

B　非構造化データの解析に有効

テキストマイニングは「自然言語処理」と「データマイニング」という2つの技術で構成

されている。

「自然言語処理」は、コンピュータで処理しづらい文章の要素や構造、意味を解析することを指し、後者の「データマイニング」とは統計処理からAIなどの手法を用いてデータから一定の相関関係やパターンを見つけ出す技術をいう。すなわち人が自然に発した言葉や書いた文章を、コンピュータが処理しやすいようにデータ化した上で分析する技術がテキストマイニングだ。

テキストマイニングの登場以前、コンピュータで処理できるデータの範囲は限られていた。コンピュータは構造化データ、つまりデータベースを利用してデータの整理や検索ができるように定型化されたデータしか処理できないからだ。

しかし、いまやデータのほとんどは非構造化データだ。文書、電子メール、写真、動画など、定型的に扱えない非構造化データは爆発的に増えている。インターネット掲示板の書き込み、口コミサイト、フェイスブックやツイッターといったSNSの投稿なども非構造化データの量を急速に押し上げた。音声認識技術が飛躍的に向上したことで、テキスト化できる音声データも増える一方だ。ビッグデータの80％は非構造化データだともいわれている。

人事が持つデータも非構造化データが多い。エントリーシート、面談記録、自己申告書、業務日報、社員アンケートなどの多くは自然言語で形成された非構造化データだ。アンケートの自由回答欄に記入してもらった意見や感想などはその最たるものだろう。

こうした非構造化データもテキストマイニングの技術を使えば、文書中のキーワード比率やキーワード間の相関関係、時系列での増減傾向の分析が容易に行える。テキストに表れる感情の分析も不可能ではない。社員情報を見える化する上でテキストマイニングが果たす役割や意義、その効果がおわかりいただけるだろう。

C　自然言語処理の3つの解析技術

では、自然言語処理はどのようにしてテキストを解析していくのだろう。自然言語処理には以下の3つの解析技術が用いられている（図表3－6）。

1. 形態素解析
2. 構文解析
3. 辞書

1の形態素解析とは、言葉が意味を持つまとまりのある単語の最小単位にまで分割することをいう。「単語分かち書き」ともいい、文章を単語単位に分ける処理だ。インターネットの

図表3-6　自然言語処理の3つの解析技術

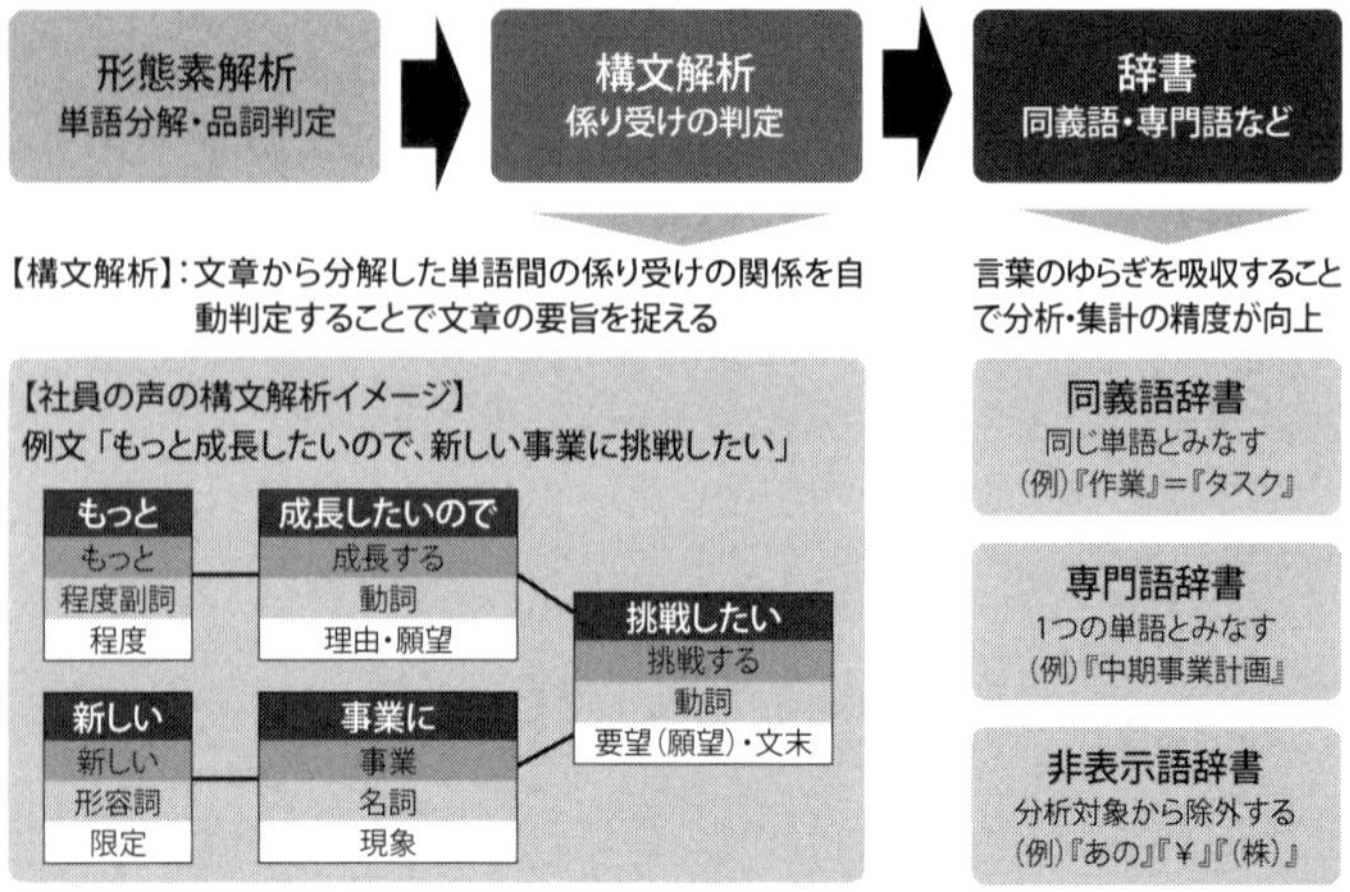

検索エンジンなどにも使用されている技術である。

基本的に単語と単語の間がスペースで区切られている英語と違って、日本語は分割処理が難しい。その分割処理を行うのが形態素解析だ。

例）もっと成長したいので、新しい事業に挑戦したい

←

例）もっと／成長したいので／新しい／事業に／挑戦したい

この形態素解析には、文章を意味のある単語に切り分ける処理のほかに、もう一つ別の処理がある。どのような単語なのかを解析す

る処理だ。どの品詞に属し、疑問形、肯定形、否定形といった活用の種類などをとらえる処理である。

例）もっと／成長したいので／新しい／事業に／挑戦したい

←

例）もっと（程度副詞：程度）／成長したいので（動詞：理由・願望）／新しい（形容詞：限定）／事業に（名詞：現象）／挑戦したい（動詞：要望〈願望〉・文末）

品詞を判定したら、2の構文解析では文章の構造を解析していく。1で分解した各単語間の係り受けの関係を判定することで文章の要旨をとらえていく処理だ。

係り受けとは、主語と述語、修飾語と被修飾語、動詞と目的語のように、一つの文の中で2つの文節がたがいに関連しあって意味を作っていることをいう。テキストマイニングでは、1で解析した単語の品詞を利用して、単語同士のつながりの関係（＝係り受け）を抽出していく。

シンプルな例を挙げると、「パフォーマンスが上がる」という文章の場合、「パフォーマンス」が「上がる」に係り、「上がる」は「パフォーマンス」を受けている。

先ほどの「もっと成長したいので、新しい事業に挑戦したい」という文章では、「もっと」と「成長したい」、「新しい」と「事業」が、それぞれ係り受けの関係にある。と同時に、「もっと成長したいので」と「挑戦したい」、「新しい事業に」と「挑戦したい」が係り受けの関係にある。

D ポジティブな言葉とネガティブな言葉を判別

構文解析をしていく上ではいくつものポイントがあるが、その一つが、一つの文章の中にあるポジティブな言葉とネガティブな言葉を明らかにすることだ。社員の本音を探るにはこうした言葉を的確にとらえることが大切だ。

例えば、「楽しい」「うれしい」といった言葉はすぐにポジティブな言葉だと解析できる。では、「高い」という形容詞はどうだろうか。

「満足度」が「高い」のであればポジティブな表現になるが、「ハードル」が「高い」、「難易度」が「高い」という文章であれば、ネガティブな意味合いが強くなる。また、否定形で終わる文章であっても実はポジティブな意味で使われている、という例がある。

「休みの日にはサッカーしかしない」という文章を考えてみたい。これは表面的には「しない」で終わる否定文だが、実は「休みの日にはサッカーをする」という文章よりも肯定の意味が強調されている。「しか」という単語が来て、その後に否定語の「ない」が来る文章は、特定の事柄以外のものを強く否定する肯定文となる。

日本語にはこうした複雑な用法が多く、また倒置的な表現なども多用される。そうした日本語独特の用法を踏まえた上で、単語と単語の係り受けを的確にとらえることのできる構文解析は、テキストマイニングのコアの技術である。

E 言葉のゆらぎを吸収する

3つ目の技術、辞書は、言葉のゆらぎを吸収することで、分析や集計の精度を向上させる技術だ。

日本語は同義語、類義語が多い言語である。「作業」と「タスク」、「社員」と「従業員」、「チャレンジ」と「挑戦」のように、同じ意味や似た意味でありながら複数の単語がいくつも使われている。分析結果を正確にするためには、こうした〝表記ゆれ〟の統一が求められる。

例えば、「中期事業計画」のような言葉を一つの単語とみなす専門用語辞書は、テキストマイニングの重要な技術の一つだ。「中期事業計画」を「中期」「事業」「計画」と分けてしまうと意味が通らなくなってしまう。

また、「あの」「この」や「¥」「$」「㈱」などの言葉を分析対象から除外する非表示語辞書も、意味を正確にとらえるためには欠かせない。

同義語、類義語、専門用語、非表示語などの辞書がテキストマイニングの分析の精度を上げ、正確性を向上させる。社員の内面、本音、言いたくてもなかなか言えないことなどを正しく把握するための技術だ。

ちなみに弊社のテキストマイニング技術は業界シェアナンバーワン。日本語の解析に詳しい専門家集団として研究を進め、「ディスる」や「ググる」などの若者独特の表現にも対応している。

以上のように、形態素解析、構文解析、辞書という3つの技術から構成されるテキストマイニングを駆使することで、テキストから人の感情や志向、その変化をつかむことが可能になるわけだ。

もちろん、分析結果は万能ではない。100％、その人のインサイトを表しているとは限らない。しかしながら、傾向や特性を浮き彫りにし、時系列で追っていけば推移や変化を見ることもできる。分析のための材料を提示してくれることは間違いない。

そこからは「人」の出番だ。

目的にそってデータを収集し、テキストマイニングで解析をかけたら、そこからパターンを読み取る。仮説を立てるための分析結果を得たら、後は検証し、ＰＤＣＡを回していく。

テキストマイニングによる分析はそのための有効な指針となるものである。

F　単語ランキングから社員の将来の希望が見える

アンケートで集めた自由回答をテキストマイニングで「見える化」すれば、社員のリアルなモチベーションに迫ることができる。

ある会社が将来の希望業務に関するアンケートを実施し、回答欄に登場した単語を拾ってみると、「新しい」「ソリューション」「事業」「開発」「営業」が上位にあったとしよう。それぞれの単語をどの社員が使っていたのか、どんな文脈で使われていたのかを明らかにするのがテキストマイニングの技術だ。

例えば、画面上の「新しい」をクリックしてみると、「新しい」がどういった単語と関連して使われているかを俯瞰できる（図表3－7）。これが「見える化」するということだ。

「新しい」―「技術」―「取り入れたい」という好奇心が強い技術者の声や、「新しい」―「事業」―「立ち上げたい」という意欲的な社員の声など、社員がいま何に興味や関心、意欲を持っているかがおのずと見えてくる。

このテキストマイニングの技術を用いて、「仕事を通じて感じたこと」を尋ねたアンケートで、「楽しい」「思う」「業務量」「仕事」「できる」といった言葉がたびたび登場していること

図表3-7　将来の希望　単語ランキング

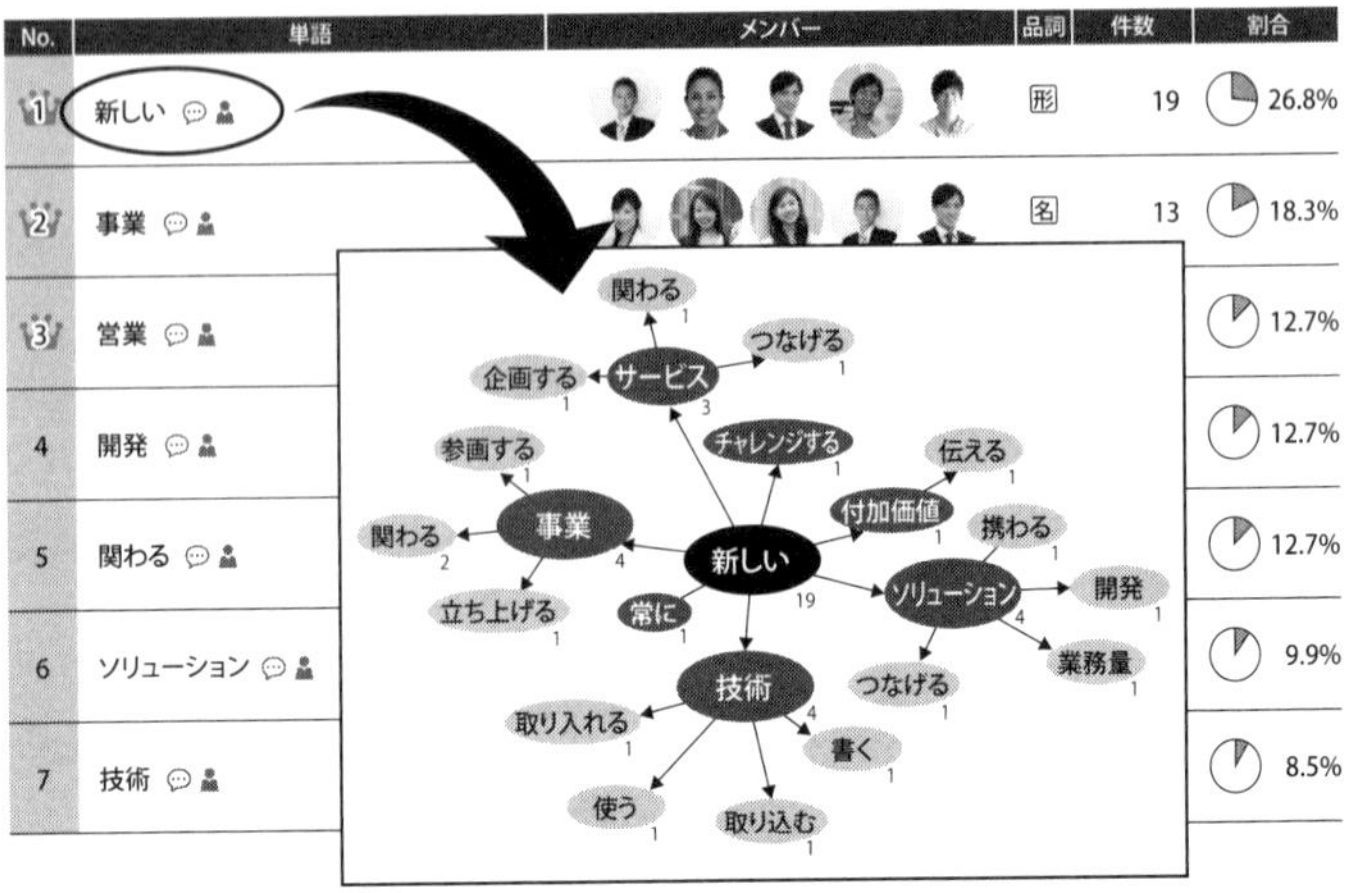

がわかれば、その言葉がどういった言葉と係り受けしていたのかを把握することも可能だ。

「楽しい」ともっとも多く係り受けしていた言葉が「プログラミング」であれば、プログラミングの仕事への満足度がうかがえよう。「業務量」という言葉とセットで使われている言葉が「多い」「つらい」「終わらない」等であれば赤信号だと考えられる。気になる言葉を使った社員を探り当て、その人たちの実際のアンケート上の回答を参照することで、業務の負荷を調整したり、いまの業務への適性を確認するといった次の施策につなげることができる。逆に新しい事業に人材を抜擢する際にも有効活用できる。テキストマイニングの技術を使えば、全体から個を俯瞰することも、その逆に個から全体を仰ぎ見ることも

図表3-8　現状業務に対する不満　全体マップ

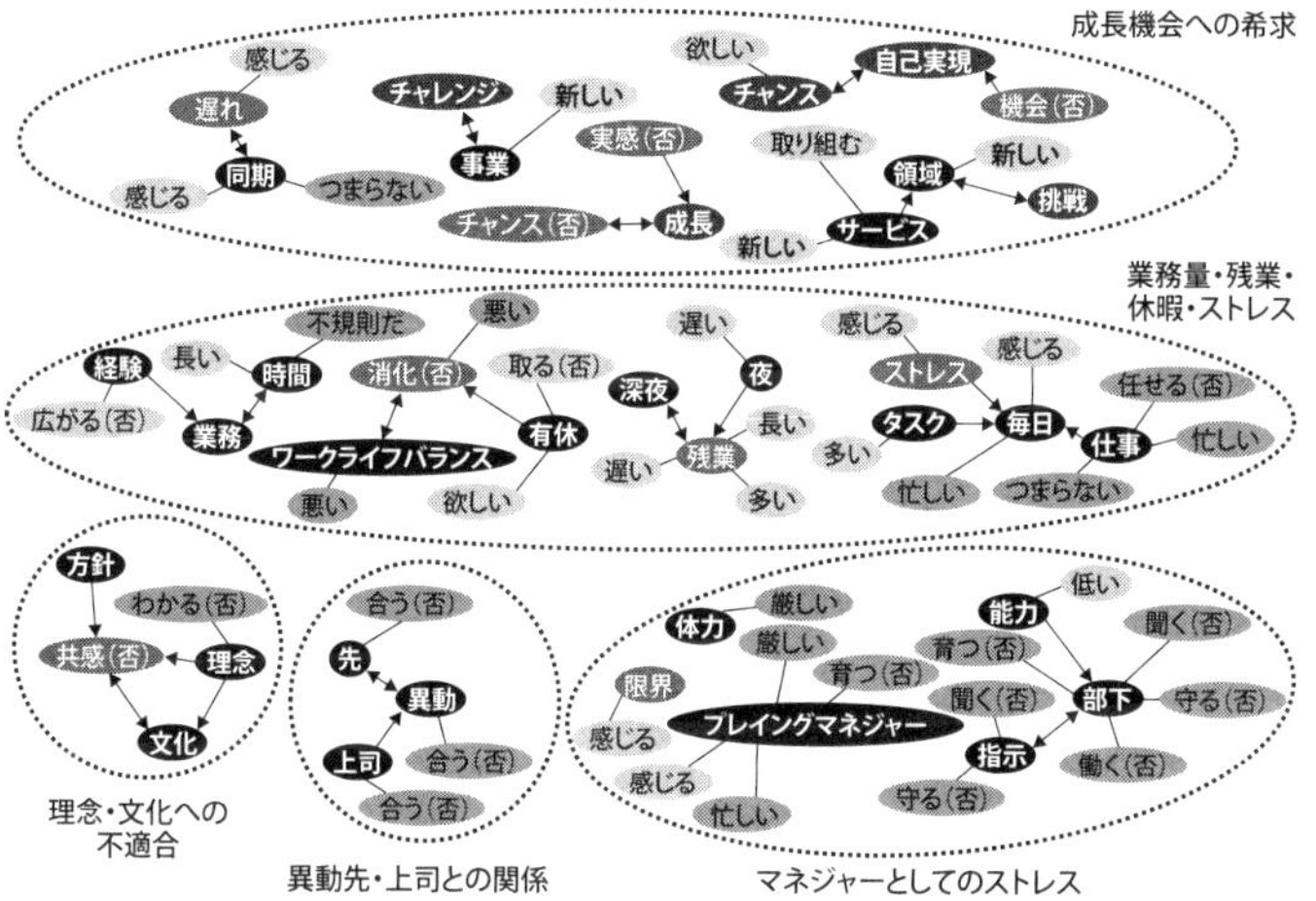

できるのである。

　さらに会社や業務に対する不満の声を把握する際にもテキストマイニングは有効だ。社員アンケート調査の自由回答欄から不満につながる単語を抽出し、不満の原因が事業にあるのか、業務量にあるのか、人事異動にあるのか、あるいは経営の方向性にあるのかを探ることができるからだ（図表3－8）。

　役職や勤続年数、労務時間など、属性別にセグメントをかけて声の違いを見るのも面白い（図表3－9）。部長、課長、リーダー、メンバー、派遣社員など立場が違えば、出てくる意見も異なってくるはずだ。特定の勤続年数の社員に特有の不満や意見が見えてくるかもしれない。

図表3-9 役職別の不満の声の違い

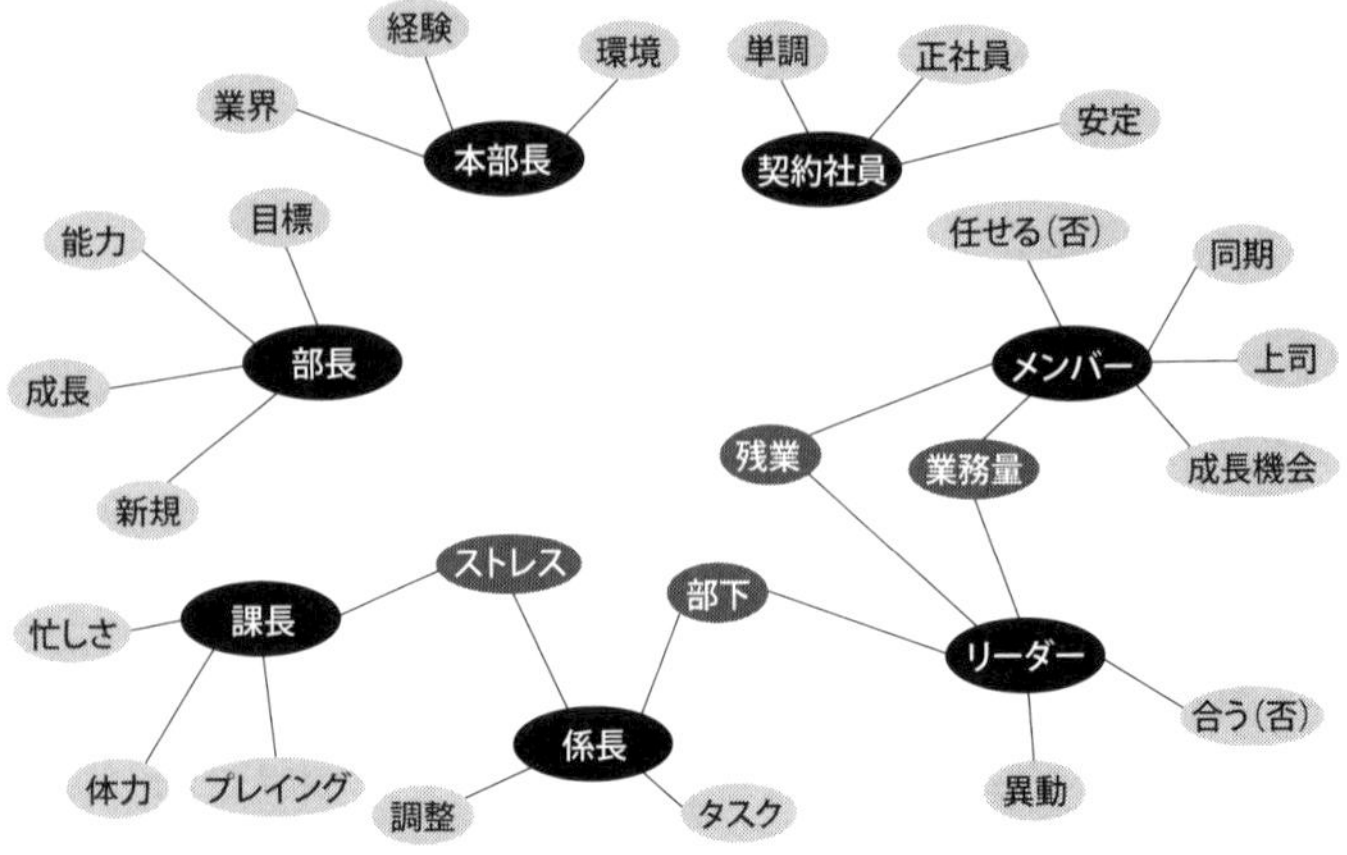

提出されたアンケートの自由回答欄をただ眺めているだけでは、突出した意見には注目できても、全体の中からある属性に共通する意見や傾向をつかむことは難しい。テキストマイニングは社員の声の全体像をつかむ一助となる分析手法である。

G 離職ワードによる予兆検知

過去に辞めていった社員が業務満足度調査においてどのような回答をしていたのか。そこから共通の単語を抽出できれば、それは離職ワードとして位置づけられる。この離職ワードをスコア化しランキングすることによって、離職予兆を読み取ることも不可能ではない。これもテキストマイニングならではの手法である。

例を挙げてみよう。A社では、退職した社員の業務満足度調査を分析することで、離職ワードランキングを作成した（図表3―10）。ワースト5は以下の通りだ。

1．業務量
2．終える（否定）
3．難しい
4．上司
5．異動

業務量が多くなかなか終えられない、仕事が難しい、上司と合わない、異動への不満などを感じているとき、社員の退職の確率が高まることがおわかりになるだろう。

A社ではこの離職ワードを、現在の社員にあてはめている。業務満足度調査において「上司」と記していたのは誰か。どんな文脈でその単語を使っているか。それらをすべて見える化し、社員の離職予兆の度合いを算出した離職スコアをはじき出したのだ。

このようにして離職予兆を見える化できれば、次の施策が講じやすい。転ばぬ先の杖ではないが、科学的人事ではエビデンスを踏まえて、将来の予想が可能になる。お互いに不幸な

図表3-10　離職者データ×テキストマイニングで離職予兆を発見

離職ワード分析：過去のテキスト情報から離職者に特に発言傾向の高いワードを特徴順で抽出

No.	離職ワード	メンバー	メンバー	離職ワードスコア	品詞	件数
1	業務量			35.3	名	6
2	終える（否定）			34.1	動	8
3	難しい					3
4	上司					2
5	異動					2
6	不安					2
7	見える（否定）					1

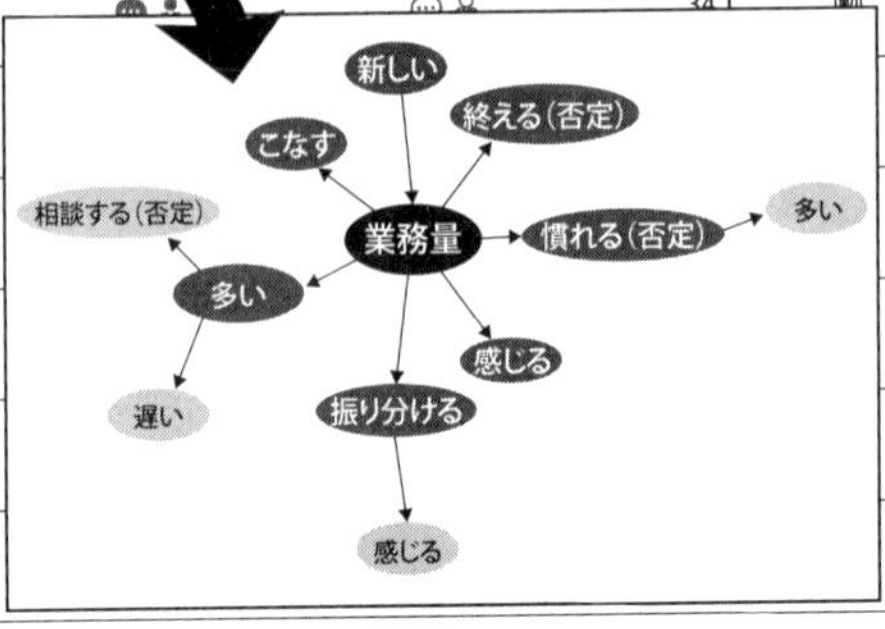

離職予測

離職スコア：離職ワードの出現から、離職予兆スコアを算出し、危険社員を未然に抽出

No.	メンバー	離職スコア	使用したワード	文章
1	 F0070 泉川絹子	164.7	業務量、多い、優先順位、難しい	業務量が多く、優先順位をつけることが難しい。まだ自分ができない事がたくさんあるので、できるようになったらもっとスムーズに業務ができる気がする。
2	 H0121 皆瀬綾子	156.2	業務時間、優先順位、終わる（否定）	優先順位をつけるのが苦手なため、業務時間内に業務が終わらないことが多い。
3	 F0063 梶川道成	100.8	業務、多い、終える（否定）	業務時間内に業務を終えることができない。仕事内容については非常に楽しく満足していますが、仕事量が多いと感じるのは確かです。
4	 X0002 金沢しの	69.3	勤務時間、業務、多い、深夜	勤務時間が延びてしまうことが多いので、体力的に不安になることがある。仕方ないですが、メンテナンスなどで深夜業務があると身体の不調が出ることがある。
5	 OZA002 池野恭三	58.7	多い、相談する（否定）、負担、頼る（否定）	1人で仕事をすることが多いので、あまり誰かに頼ったり、相談することができないのは負担に感じることもある。

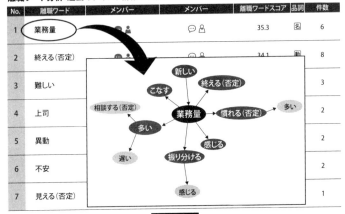

事態を招かないためにも事前の手立てが欠かせない。それを可能にするのがテキストマイニングを駆使した科学的人事だ。

離職スコアの算出や離職者を検知するアプローチについては第4章で詳しく述べている。そちらも参考にしてほしい（177ページ）。

4 IoTから得られるビッグデータの活用

①メンタルヘルスをつかむ

科学的人事の最終段階がIoTから得られるビッグデータの活用である。まだ現実に導入している例は少ないが、今後利用が進んでいくことは間違いない。

人事におけるビッグデータとは何か。

ここでは、手首や腕、頭など体の一部に装着して使用するウエアラブルデバイスから得られるデータの活用例を指す。身近なところではスマートウォッチが挙げられよう。

手首に常時つけているスマートウォッチを通して、社員の日々のストレスや健康状態、集中度合いなどの変化を具体的な数値で把握できる。前項ではモチベーション分析の手法を紹介したが、さらにこうしたビッグデータを使うことで、社員の自己申告なしでもリアルタイムのモチベーションをつかめるようになる。

あるいは見守りカメラを通して表情の解析を行えば、その結果からさらに科学的に社員のモチベーションを探ることも不可能ではない。AIを使って、鼻の頭、目尻、口など人の表情を読み取り、リアルタイムで心理要素を解析・定量化するといった技術は日進月歩で発展している。人間の目で判別できない顔の不随意反応を分析できる技術はすでに現実のものとなっている。倫理的な問題がからむため、何のためにそれを行うのかという目的が重要であることは言うまでもないが、表情から感情を判断する技術も近い将来、人事に取り入れられていくのではないだろうか。

②ネットワーク分析を活用する

社員証にICチップを埋め込み、一人ひとりのオフィスにおける動き方を読み取ったり、社員同士の距離感を測って社内のネットワークを分析する方法も開発されている。Aという部署のBさんやCさんがDという部署によく出入りをしていることがわかれば、Aの部署と

図表3-11　ネットワーク分析　社内SNSによるコミュニケーションのつながり

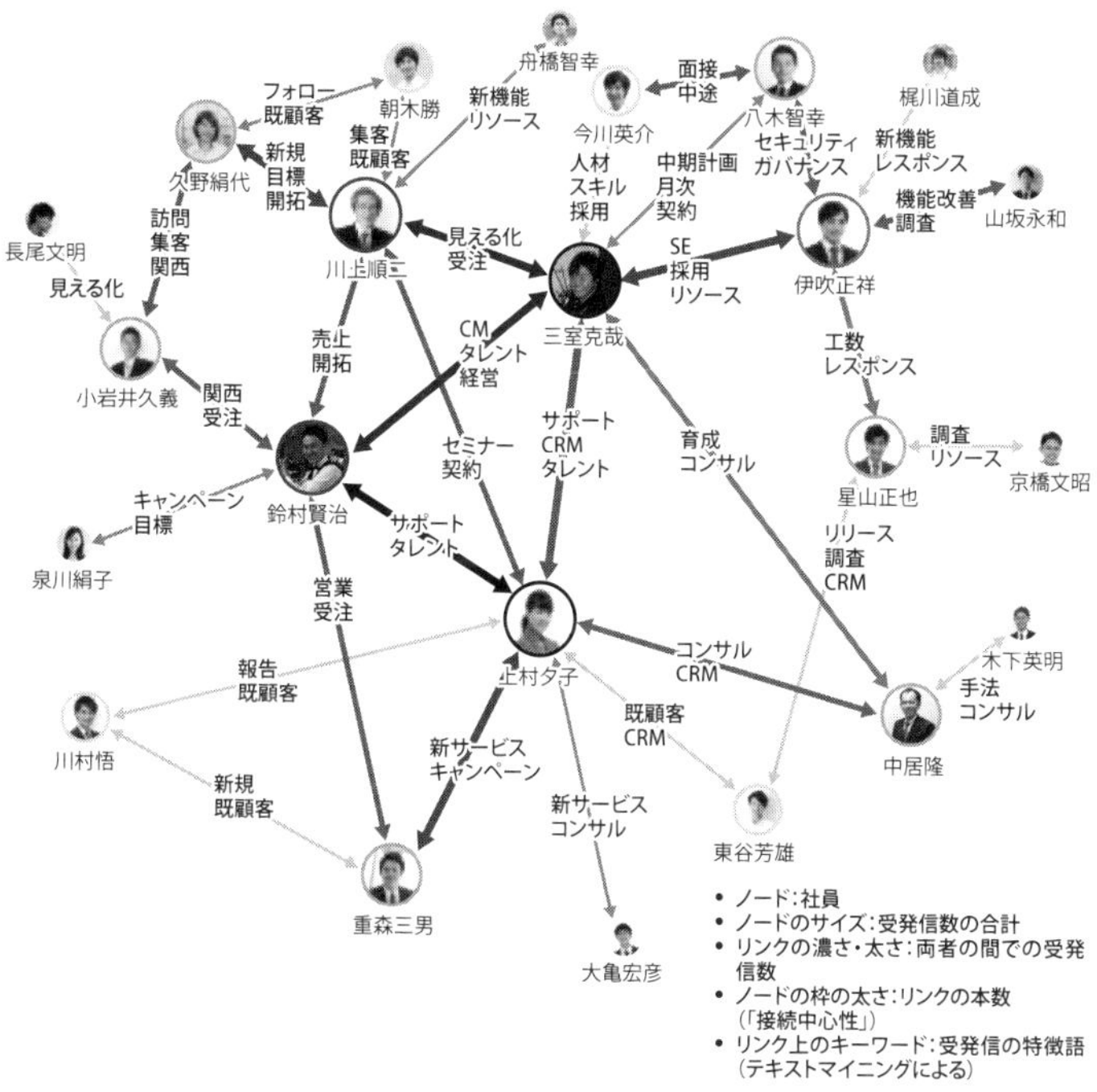

Dの部署の強いつながりが見えてくる。

もちろん、その逆も考えられるだろう。営業部と開発部の社員との間にあまり行き来がない実態がつかめれば、そこでのコミュニケーションの希薄化がうかがえる。両部署の交流を活発化するための施策にもつながっていく。

メールの中身までは見なくとも、メールの送受信結果（From・To・CC）をもとに社員の誰と誰がやりとりをしているかを知ることも技術的にはすでに可能だ。メールを通した社員のネットワークが見える化できれば、多くの社員のハブになっている中心性の高い社員や、一見目立たないながらも実は媒介役として社内のつなぎ役を果たしている社員なども可視化できる。顕在化していない社員の役割に迫ることができるわけだ（図表3－11）。

ＩｏＴから得られるデータは動的データの最たるもの。ここまでくると人材データはいよいよビッグデータとなってくるのである。

5 人材データの蓄積・活用こそが科学的人事の肝

この章のまとめとして、科学的人事で必要なデータとは、従来の人事データとはまったく異なることを改めて強調しておきたい。

第2章でも述べたが、人事にとって本当に必要なデータとは人材データだ。管理目的で収集されている既存の社員情報（＝人事データ）に加えて、スキルや評価、さらにマインドやモチベーション、エンゲージメントといった人の内面に関するエモーショナルなデータが欠かせない。

こうしたデータは日々刻々と変化する。今日は業務に満足をしていても、明日も同じだとは限らない。仕事の中身、作業量、同僚、上司、取引先、その担当者といった社員を取り巻く条件が変われば、おのずとマインドやモチベーションは変化する。いや、変化して当然だ。

従来の人事では、こうした動くデータを取る術がなかった。単に静的なデータの蓄積と管理にとどまっていた。

だが、科学的人事の目的は管理ではない。人材を活かすことだ。ＩＴを駆使してデータを分析・活用することで「人材の見える化」を実現し、個々の人材に合ったキャリア形成や最適配置といった人事戦略を行い、パフォーマンスを最大限に引き上げていくことだ。そのためにも科学的人事においては人材データを蓄積し、活用することが何よりも重要なのである。

Column

ＡＩと「科学的」の違い

人事の分野にもＡＩ（人工知能）が導入されて、仕事が置き換えられる――といった話を聞くことも多い。確かに、ビッグデータ時代になって特に、画像認識や音声認識のような認識系でのＡＩの活用は非常に速い速度で浸透してきている。

さて、この本のタイトルにある、「科学的」とＡＩは同じなのだろうか。

筆者らが考える「科学的」は、明確にＡＩと異なると考えている。決定的な違いは、「ブラックボックスかどうか」である。

例えば、採用時のエントリーシートを学習させて、採用段階のいわゆる「足切り」に用いる方法も、ＡＩは得意分野であろう。たしかに、過去からの膨大な量のエントリーシートと、実際に次の段階に進んだ実績データがあれば、新たなエントリーシートから次に進める確率を算出できるのである。

同様に、スキルやマインド、勤怠情報などと、実際に昇格したかどうかの情報をAIに学習させれば、次に誰を昇格させるべきかのスコアが算出されるだろう。

ここで注意したいのは、なぜこの社員を昇格させるべきなのか、その理由については、AIは明確には伝えてくれないことだ。

この「なぜ」がわからない仕組みでは、もし昇格後に期待されるほど活躍できなかった時、活躍できるようにするにはどのスキルを向上させる必要があるか、あるいは他の部署への人事異動をすべきかといった改善施策を見つけられない、PDCAが回らないものとなってしまうのだ。

また、ＡＩはあくまで過去のデータをもとにした結果であり、刻一刻と変化する「人」を扱う人事の世界では、よりクリエイティブなアクションが必要となるため、やはり、「人」だからこそ持ちうる背景知識や気づきの力が必要となる。

「科学的」という言葉は、あくまで、「人事の世界でも人の力を最大限に発揮できるよう、きちんと高度なデータ分析手法を活用する」という意味を示しているのである。

第4章

科学的人事の実践

1　科学的人事の波

①科学的人事戦略の導入目的

先進的な企業はすでにＩＴと人材データを活用した科学的な人材活用戦略に踏み出している。着実に成果をあげる企業も増えてきた。

では、それらの企業はそもそもどのような目的で科学的人事を導入したのだろうか。企業の問題意識はどこにあるのか。科学的人事戦略の実践的な手順を紹介する前に、まずは科学的人事戦略をスタートした企業の導入目的と、置かれている背景を見ていくことにしたい。

企業の導入目的を見ると、日本の企業が共通に抱えている深刻な問題が浮かび上がる。例えば、ある会社は人材の効果的な活用に向けて情報を一元化したいと考え、科学的人事の導入に着手した。業績が拡大し、社員が急増したためだ。これ自体は喜ばしいことだが、あまりに急速に社員が増えすぎたため、どの部署にどんなスキルや適性の人がどれだけいるのかが把握できないという問題を抱えていた。

増えた人材を最適に配置し、メンバーのパフォーマンスを最大化することも導入目的の一つ。そこまで急激に人員が増えてはいない企業であっても、成果を最大化できる配置に関して頭を抱えている企業は多い。

製造業やシステム開発、ＩＴ、流通業などに目立つのが、部門に閉じた属人的な縦割り人事から組織全体での人材の最適配置を行いたいという目的での導入だ。競争が激化する中で、事業を強化して収益の最大化を図るには、これまで以上に組織力で戦うことが求められ、科学的人事が不可欠という認識なのだ。

同じく製造業やシステム開発、ＩＴ関連の業種では、計画的な人材育成の仕組みを作るという目的で導入に踏み切る企業も増えている。技術が目まぐるしいスピードで進化し、日進月歩で技術革新が続く業界にあっては、人材を効果的に育成しなければ変化のスピードにキャッチアップできない。また人材の多様化が進んでいるため、これまでの判で押したような画一的な育成計画では対応できないという反省と強い危機感からの導入だ。

②大企業が科学的人事を採り入れる理由とは

社員数の多い大企業に多いのは、経営や事業部に対して客観的な人材情報を提示することで、「人事戦略の意思決定を効果的に支援したい」という導入目的だ。人材の適切な配置、あるいは登用、抜擢を考えるにあたっては、従来の感覚的、属人的なやり方だけでは的確な経営判断は難しい。

そこで、人事戦略に科学的アプローチを採り入れることで、エビデンスベースでの意思決定を図ろうとしているのである。経験のみに頼っていると、現場のマネジメントにどうしてもばらつきが生まれてしまう。

また、社員数は非常に多いものの、その数の力を活かしきれていないという大企業ならではの問題意識も導入のトリガーになっている。科学的人事は、現場のマネジメントのばらつきを解消し、数の力を引き出すための手段という位置づけだ。

採用のミスマッチを軽減したいという目的を掲げる大企業も多い。これは産業界全体に共通する悩みだろう。

第1章でも触れたように、現在の就職前線は完全なる売り手市場だ。採用コストは年々上昇を続けている。厳しい人材獲得競争を強いられている企業としては、できるだけ採用ミスマッチを回避したい。業容拡大を進めていく中で、自分たちが本当に必要とする人材を明確に定義し、その上で採用を行ってミスマッチの防止につなげたいという切実な思いがあるのだ。

③離職率が高い業種にも科学的人事は有効

小売業や外食、サービス業、さらにＩＴやシステム開発といった業種に多いのが、「離職者の傾向を分析することで離職防止につなげたい」という導入目的である。多くの人手を必要としながらも離職者が多く、人の出入りが絶えないという業種では、「社員の定着率を少しでも上げたい」という要望が非常に強い。

働き方改革が進み、売り手市場が続く中、少しでも採用難を解消し、離職防止につとめ、事業の拡張や新規事業に備えたいと考えてはいるものの、ほとんどの企業が有効な手段を見いだせず、手をこまねいているのが現状だ。事業を支える人材が不足したままでは企業活動に支障がおよぶ。社員の定着率の改善は、離職率が高い企業が科学的人事を導入する大きな目的となっている。

金融機関やサービス業に顕著な導入目的もある。ＥＳ（社員満足度）を把握し、モニタリングをかけ、最終的にはＣＳ（顧客満足）向上を実現するという目的だ。こうした動きが加速しているのは、「ＥＳの向上なくしてＣＳの向上は実現しない」という認識が広がってきたからだろう。

もうモノ自体の価値だけで勝負できる時代ではなくなった。モノの価値以外に、人が直接提供するサービスの良し悪しが顧客満足度に大きな影響を与えている。サービスの質を上げていくにはサービスを提供する社員の仕事への満足度を上げていくしかない。科学的人事によって、社員のモチベーションを見える化し高く維持したいと考える金融機関やサービス業が増えてきているのである。

現在のところ、金融機関やサービス業が先陣を切ってＥＳ向上に取り組んでいるが、こうした流れは他の業種にもおよび始めている。ＣＳ向上のためにまずはＥＳ向上。そんな認識がさらに広まれば科学的人事を導入する流れは加速しそうだ。

一方、どの業種においても共通して目立つのが、若手やミドルマネジャーなど次世代の経営人材を戦略的に育成したいという導入目的だ。企業の将来を担う次世代の育成が進んでいない、満足のいく次世代育成が実現できていない。これは業種業態にかかわらず、日本の産業界全体の課題といえる。

若い世代のみならず、ミドルマネジメント層の薄さを問題として挙げる企業は非常に多い。科学的人事戦略はこうした問題を解消し、組織力の強化を実現する有効な手段である。

④目的なくして科学的人事戦略の成功はありえない

科学的人事戦略に着手し、成果をあげている企業には明確な目的が備わっている。どんな理由で何を成し遂げたいかが明確だ。

目的なくして科学的人事戦略の成功はありえない。自社がいま、人についてどんな問題を抱えているのか、それをどのように改善していきたいのかという目指すべき方向性を明確にすべきなのである。

ただし、企業が置かれている背景はそれぞれに異なる。個々の企業には特有の企業文化があり、将来的に描いている目標も違う。解決すべき問題の中身も違えば、優先順位も異なってくる。重要なのは自社の目的を明確にすること。それが科学的人事戦略のスタート地点だ。

よくあるのが、人事情報をただ一元化して人と顔を一致させたい、あるいは紙で運用している人事評価をウェブ化したいという発想だ。現状の人事管理体制に限界を感じているので、人事情報を一元管理したいといった相談を受けることが多いが、これは科学的人事戦略ではない。「単なる人事情報のデータベース化」であり、「人事業務の効率化」だ。

そこには、「何のために人事情報を一元化するのか」、「なぜ人材を見える化するのか」という視点がない。科学的人事戦略は目的志向でなくてはならない。必要なのは将来を見据えたビジョンや目的だ。その目的を達成するための手段が、一元化やウェブ化である。

では、どういった目的が考えられるのか。ここからは、多くの企業にとって大きな課題となっている、「人材育成」、「最適配置」、「採用ミスマッチの防止」、「離職防止」、「コミュニケーションの活性化」、「経営意思決定支援」について、それぞれを達成するために必要なプロセスについて取り上げていくことにしよう。

2 人材を育成する

①スキルを標準化する

人材育成のためには、社員一人ひとりが持つスキルを明確に把握し、それぞれに合った育成プログラムを提供し、ＯＪＴの機会を計画的に与え実践していくこと。これに尽きる。現状のスキルをつかむことができれば、抜擢人事にも有効だ。

個々のスキルが明確になっていないままの抜擢人事は根拠に乏しく、不公平感を招きかねない。本人にとっても周囲にとっても、そして会社にとっても不幸だ。人材を育て、結果に

図表4-1　人材戦略に合わせたスキルシートの設計イメージ

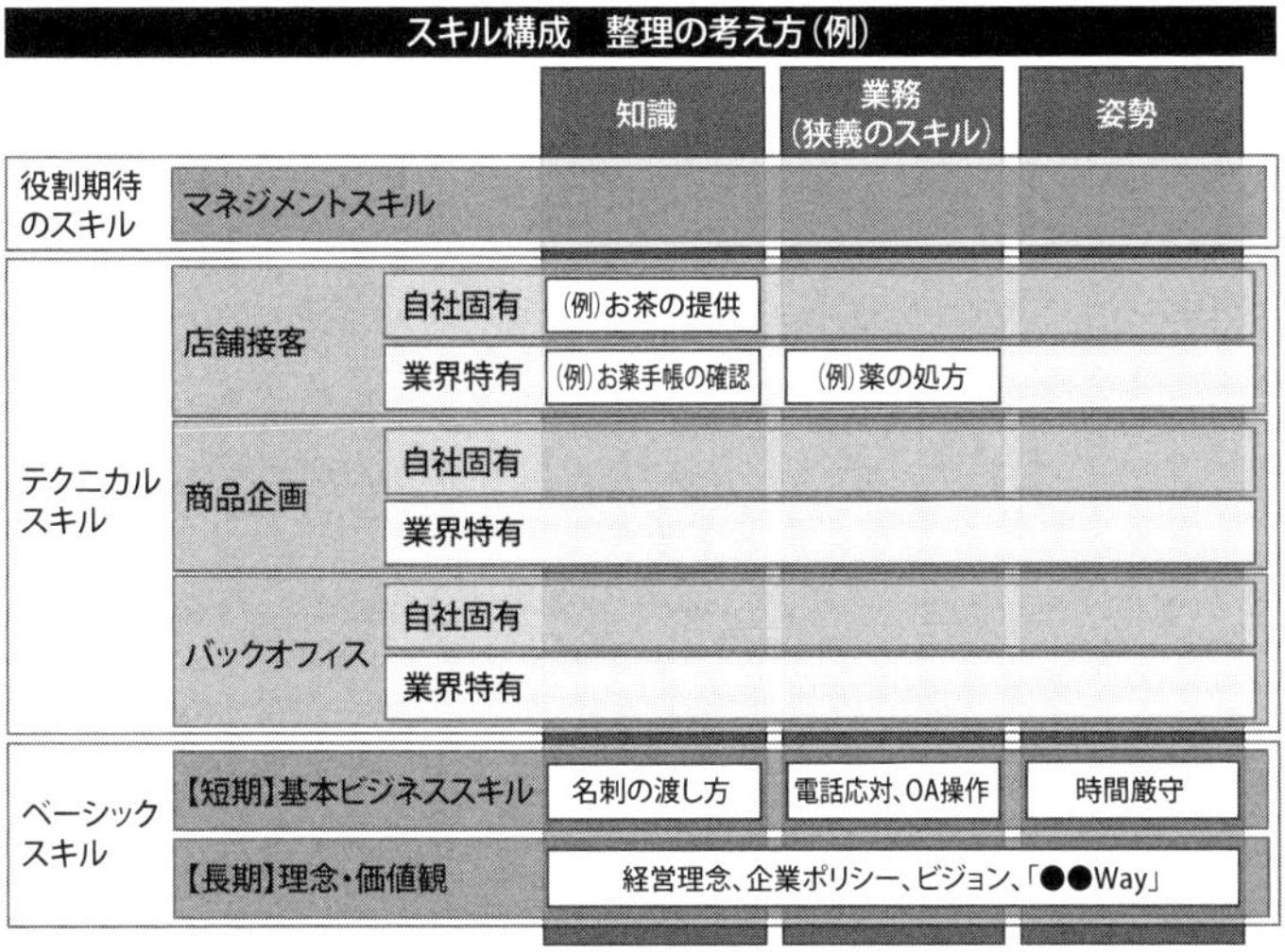

直結する抜擢人事を行うためにもスキルは必ず見える化しておきたい。

スキルの見える化の前提となるのがスキルの標準化だ。その第一段階として、まずはスキルを体系的に分類しよう（図表4－1）。

スキルを構成する要素として、「知識」と「業務（狭義のスキル）」、「姿勢」の3つがあるとしよう。この3つはそれぞれ、社員の誰もが持っておかなければならないベーシックなスキルと、テクニカルなスキル、役割として期待されるスキルに分けることができる。

ベーシックなスキルとしては、まず、企業の理念や価値観を理解していることが挙げられる。経営理念や企業ポリシー、ビジョン、その企業ならではの価値観については、社員であれば誰もが身につけておく必要があるものだ。

これらが長期的なスキルだとすれば、ビジネスマナーやOAスキルなどビジネスパーソンとして備えておくべきスキルは短期的スキルといえる。短期的スキルは日々の仕事をこなしていく上で不可欠なものだが、研修なりトレーニングを真面目に受ければほとんどが取得できる。比較的インスタントに獲得できるスキルである。

対して、長期的スキルとなるとそうはいかない。文化や価値観の浸透とは長期的に醸成していくものであり、即席で定着させることは難しい。本当に会社の理念、価値観を理解し、それをベースにして仕事を回せる人材になり、会社の文化を踏まえた上で会社を代表する一員として仕事をこなせるようになるには時間が必要だ。

この長期的スキルは一般に昇進との関係性が高く、企業文化の浸透度と昇進との相関関係を見ると、明らかに文化の浸透度が高いメンバーが昇進していることが多い（図表4-2）。身につけるまでには時間がかかるが、浸透すればパフォーマンスのドライブになる。それが長期的スキルといえるだろう。

ベーシックスキルにおける短期的スキルと長期的スキルはどちらが欠落していても意味がなく、両方をしっかり備えていることが求められる。

図表4-2　ある成長企業に見る「企業文化の浸透度」と「昇進」の相関

企業文化の浸透度が高いメンバーが昇進している

※スキル高＝■、スキル低＝■

昇進 →

大分類	中分類	平均	1年目	2年目	3〜5年目	中堅	GL	GM以上
理念の理解	突き抜ける感動	3.2	1.2	2.5	2.9	3.3	4.0	5.3
	強みを活かす	3.5	1.3	2.4	2.6	3.6	4.5	6.6
	勇気	3.9	2.3	2.8	3.5	3.8	4.7	6.1
	情熱	3.7	2.1	3.3	3.4	3.6	4.1	6.0
	思いやり	3.8	2.3	3.2	3.4	3.9	4.2	5.6
	ポジティブ度	3.9	2.9	3.7	3.4	3.8	3.7	6.1
	地道な努力	3.7	2.1	3.9	3.1	3.7	4.6	5.1
	プラスアルファの価値	3.4	1.6	3.0	2.8	3.7	4.4	5.3
	自らの成長	3.6	1.6	3.3	2.9	3.6	4.5	5.9
経営との距離	価値観の共有	9.6	3.7	7.3	8.1	9.4	11.6	17.4
仕事へのこだわり	魂は細部に宿る	3.3	1.7	2.8	2.6	3.3	4.1	5.5
	オモロイ	3.4	2.2	2.6	3.1	3.5	3.8	5.4
自社が求める人材像	人材像	3.0	1.3	2.6	2.4	2.9	3.6	5.4
理念・文化の伝承	文化伝承	2.7	0.8	1.6	2.3	2.5	3.2	5.6
		71.8	36.0	60.5	60.3	70.9	84.6	118.4

次にテクニカルスキルは、その企業固有のスキルと業界特有のスキルとの2つがある。例えば、ある調剤薬局チェーンでは店舗接客のマニュアルを定めているが、「処方薬を求めに来店した顧客には、必ずお薬手帳の有無を確認する」というのは、他の商品を扱う小売店にはないこの業界特有のスキルといえる。

一方もし、「来店客が処方薬の受け取りを待っている間にお茶を提供する」といったサービスを実施しているのであれば、それはその企業固有のスキルだ。同じように、店舗接客やバックオフィスでの業務についても、業界共通のスキルと企業固有のスキルがある。そのスキルは業界共通の標準的なものなのか、本当に自社固有のものなのかをはっきりさせておくことで、適切な育成プログラムを提供できるのである。

②スキルを形式知化する

日本の企業は自社の慣習ややり方を「特殊」だと考え、他社とは異なる自社固有のものと見なすふしがある。だが、内容を具体的にヒアリングしてみると、案外他の企業と共通するものであることが多い。このスキルは「特殊」「固有」だと決めつけずに、まずは一度業務マニュアルなどを洗い出して、客観的に分類してみることをおすすめしたい。

スキルとして明確に体系化されていないという企業であっても、業務マニュアルや研修メニュー、あるいは現場配属された新人社員に対して最初に教えることなどのリストはあるはずだ。それらを通してスキルは〝暗黙知化〟されている。

これらをスキルとして〝形式知化〟するのである。各自が暗黙のうちに「スキルはこういうもの」と考え実践している状態から脱し、明文化し形式知化し仕組み化していく。

最後に、役割期待のスキルとは、マネジャーであればマネジメントスキルを指す。その役職、その役割であれば当然備えておかなければならないスキル、持っているものと期待されるスキルがここに該当する。

再び調剤薬局を例に挙げれば、〝ベーシックなスキル〟とは、一般組織に必須のスキルのことを指す。一般社員であれば個人情報保護についての知識や電話応対などの業務スキル、体調の自己管理や薬剤師としての責務を理解し、実践しようとつとめる姿勢などが該当する。マネジャーであれば、これらに加えて、労務管理やコンプライアンス、ハラスメントに関する知識、モチベーション管理の業務スキルなどが必要になってくる。

ベーシックなスキルに加えて必要な〝テクニカルスキル〟には、調剤薬局や店舗業務なら

 竹岡真司郎	 Antonio	 新谷栄二	 紀ノ本英明	 朝木勝	 上岡栄加	 室戸宣長
20.0	20.0	18.0	20.0	16.0	12.0	14.0
15.0	15.0	13.0	15.0	13.0	3.0	3.0
15.0	15.0	15.0	9.0	9.0	3.0	7.0
15.0	15.0	7.0	9.0	13.0	4.0	13.0
5.0	5.0	5.0	3.0	3.0	3.0	3.0
15.0	15.0	15.0	9.0	9.0	7.0	13.0
40.0	38.0	30.0	22.0	28.0	11.0	16.0
15.0	13.0	4.0	7.0	9.0	2.0	5.0
5.0	5.0	1.0	1.0	5.0	1.0	3.0
10.0	6.0	10.0	10.0	6.0	1.0	2.0
5.0	3.0	3.0	1.0	3.0	0.0	0.0
5.0	3.0	3.0	1.0	3.0	1.0	1.0

ではの業界特有のスキルとしては、例えば、医薬品管理や特殊調剤、医療保険制度などの知識が求められる。調剤室の清掃や開閉店業務、処方箋入力、患者対応などの業務スキルを身につけ、待合室の整理整頓も行う必要がある。

各社員のこの3つのスキル登録が済んだら、その後はスキル分析のステップだ（図表4－3）。

こうしたスキルの登録や分析は、例えば「業績をあげ順調に進んできた30代の社員がある時いきなり壁にぶつかった」といったケースの原因を探るのに有効だ。調べてみると、20代のうちに取得してお

図表4-3　スキルを見える化し、研修計画や育成支援に活かす

■スキル分析

スキルセット	大分類	中分類	平均
営業共通スキル	商品理解	自社商品理解（機能的価値）	17.1
		自社商品理解（使用的価値）	11.0
		他社商品理解	10.4
	アポイント	日程調整	10.9
	1次営業	商談開始	3.9
		商品説明	11.9
		ヒアリング	26.4
	2次営業以降	顧客に合わせた資料作成	7.9
		組織営業	3.0
		操作体験会	6.4
		役員プレゼン	2.1
	クロージング	提案	2.4

くべきスキルが備わっていなかったことが発覚するかもしれない。20代は勢いだけで突っ走り、なんとか数字をあげてきたが、スキルの欠如が30代になってから露呈して成長がストップしてしまった。そんな理由が想起できる。

欠落しているスキルを再教育するためにも、あるいはまた同様の事態を今後避けるためにも、誰がどの種類のスキルをどれくらい持っているのかを明確にしておきたい。

③スキルの定義にブレがあってはいけない

誰もが知る大企業であっても、こうしたスキルの整理ができていないことが多いようだ。毎日朝礼を開き、企業理念を確実に社員に浸透させている企業がある一方、理念はありながら完全に形骸化している企業も珍しくない。急速に事業が拡大し、社員が急増したという企業によく見られるケースで、掲げている経営理念の浸透が事業の拡張スピードに追いついていないのである。

新興企業では、社会人であれば必須のコンプライアンスやスケジュール管理に関するスキルが備わっていないというケースが目立つ。本来持っていて当然の、電話応対やメールの書き方など初歩的なビジネスマナーがなっていないというケースもある。

M&Aを熱心に進めながら事業を急拡大してきたある企業の場合、買収した会社にグループとしての経営理念が浸透していないという問題に直面していた。これはベーシックスキルの欠如であり、グループとして事業を回していくときの不安材料だ。

M&Aにより自社グループの傘下に入った会社の社員のスキルを同じ基準で評価できなければ、グループ横断での異動は難しい。無理に異動させれば、こちらの事業では活躍していた人材があちらの事業ではまったく力を発揮できないという事態となり、不適合症状が起きてしまうかもしれない。グループ横断で求められるスキルについては統一する必要があるのだ。

M&Aをしていなくても、一つの会社の中で複数の事業を展開している会社は多い。その中で最適配置を考え、抜擢を考え、研修計画や育成支援を考えていくためにはスキルの共通化は不可欠だ。

④PDCAサイクルを回す

スキルを分類・標準化し、社員が持つスキルを見える化したらPDCAサイクルを回していきたい（図表4-4）。

まずは「P（計画）」だ。スキル分析を行うことで、社員や組織ごとのスキルのばらつきを把握しておくことだ。現在のスキルの状態を踏まえ、パフォーマンスアップを図るためにはどんな育成方法が適切かを計画し、「D（実行）」に移す。

この際、講師を招いたり講習に出かけたりといった研修だけでなく、eラーニングも並行して実施したほうがより効果的な人材育成が可能になる。

OAスキルやコンプライアンスなど、基本的な知識についてはeラーニングを活用して定

図表4-4　計画的な人材育成を行うための人材育成PDCAサイクル

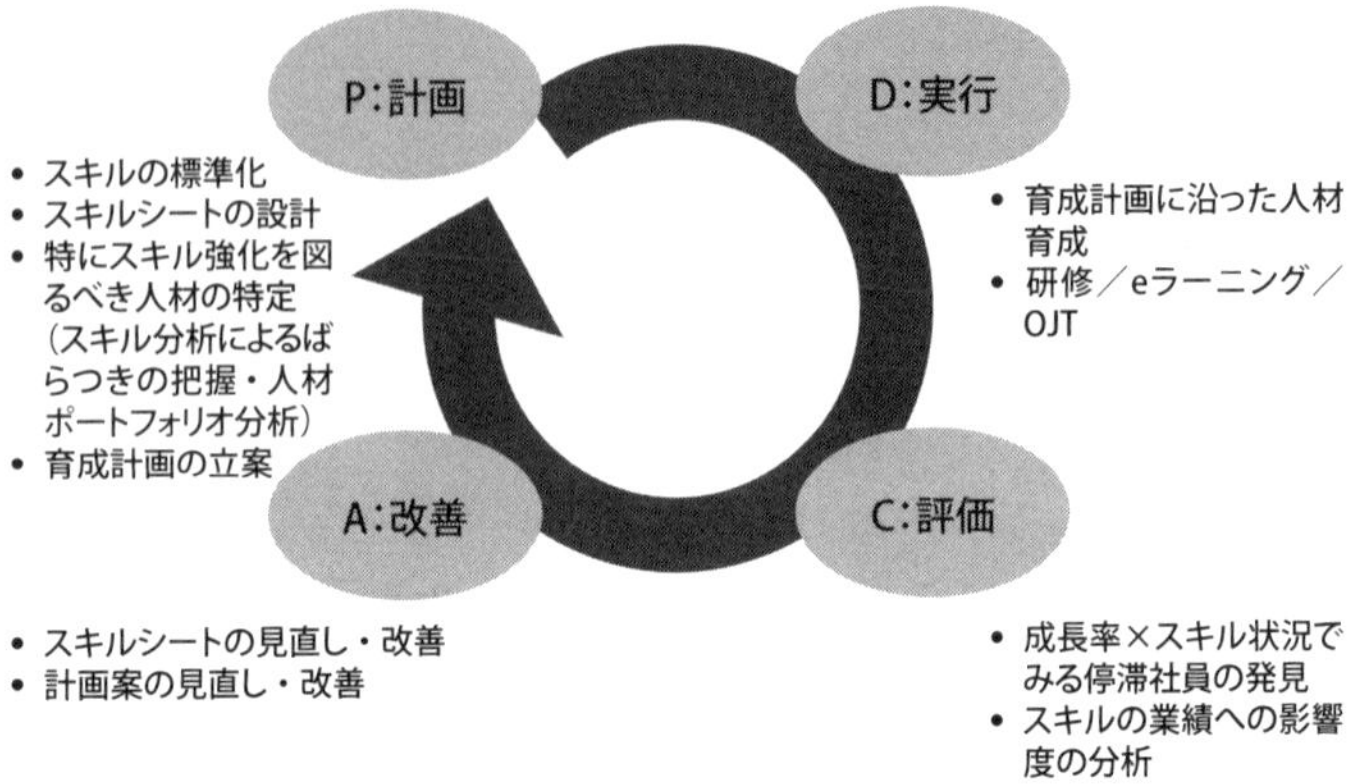

着を図る企業が増えているが、実は業界特有の知識や自社固有の業務内容についてもeラーニングは大いに活用できる。eラーニングでカバーできるスキルの範囲は幅広い。

導入するeラーニングの中身は単純な選択式の設問によるものでも構わない。チェックしていくだけで知識が身につく、気がつけばスキルが上がっていたという形が理想的だ。

eラーニングの長所は効果が測りやすい点にある。受講前には○点だったが、受講後には△点アップしたという記録がはっきりと残るため、受講した社員のスキルの変化が確認しやすい。

ちなみに、科学的人事では、研修やeラーニングを「社員のスキル」といかに連動させるかが、欠かせないポイントである。従来の研修管理やeラーニングのシステムの課題はここにある。単なる受講管理に閉じたシステムになっていることが多く、マネジャーになったら受講する研修、入社3年目に推奨の研修といったような「社員の基本属性を軸とした画一的な研修」になりがちだ。それは科学的とはいえない。より計画的かつ効果的な育成を実現するためにも、社員一人ひとりのスキルを分析しながらその社員のスキルの過不足に合致した研修やeラーニングを提供していくべきである。

さて、「D（実行）」が終わったら、次は「C（評価）」の段階に移ろう。ここで各人のスキル状況を把握し、抜け漏れはないか、偏りがないかをチェックする。このスキル分析の結果を受けて、各社員に適切なeラーニングを提供できるようにするといいだろう。

仮にコンプライアンスに関する知識がまだ身についていないことがわかれば、再度の受講をすすめる、営業スキルの中のクロージングの点数が極端に低いようであれば集中的なeラーニングの受講を促すといったアプローチである。

「C（評価）」の段階でもう一つ重要なのは、育成施策が計画的に進んでいるか、見直すべき点はないかを確認するために、スキルの変遷を分析することだ（図表4-5）。さらに、例えばスキルの前年比での伸び率を「縦軸」に、現状のスキルを「横軸」に設定し、メンバーをプロットすると、停滞社員や、いま現在はスキルの値自体は低いものの伸び盛りのメンバーを発見することができる。このように社員の状態をしっかり理解し、次の改善に活かしたい。

図表4-5　育成施策実施後の成長率分析（C：評価）

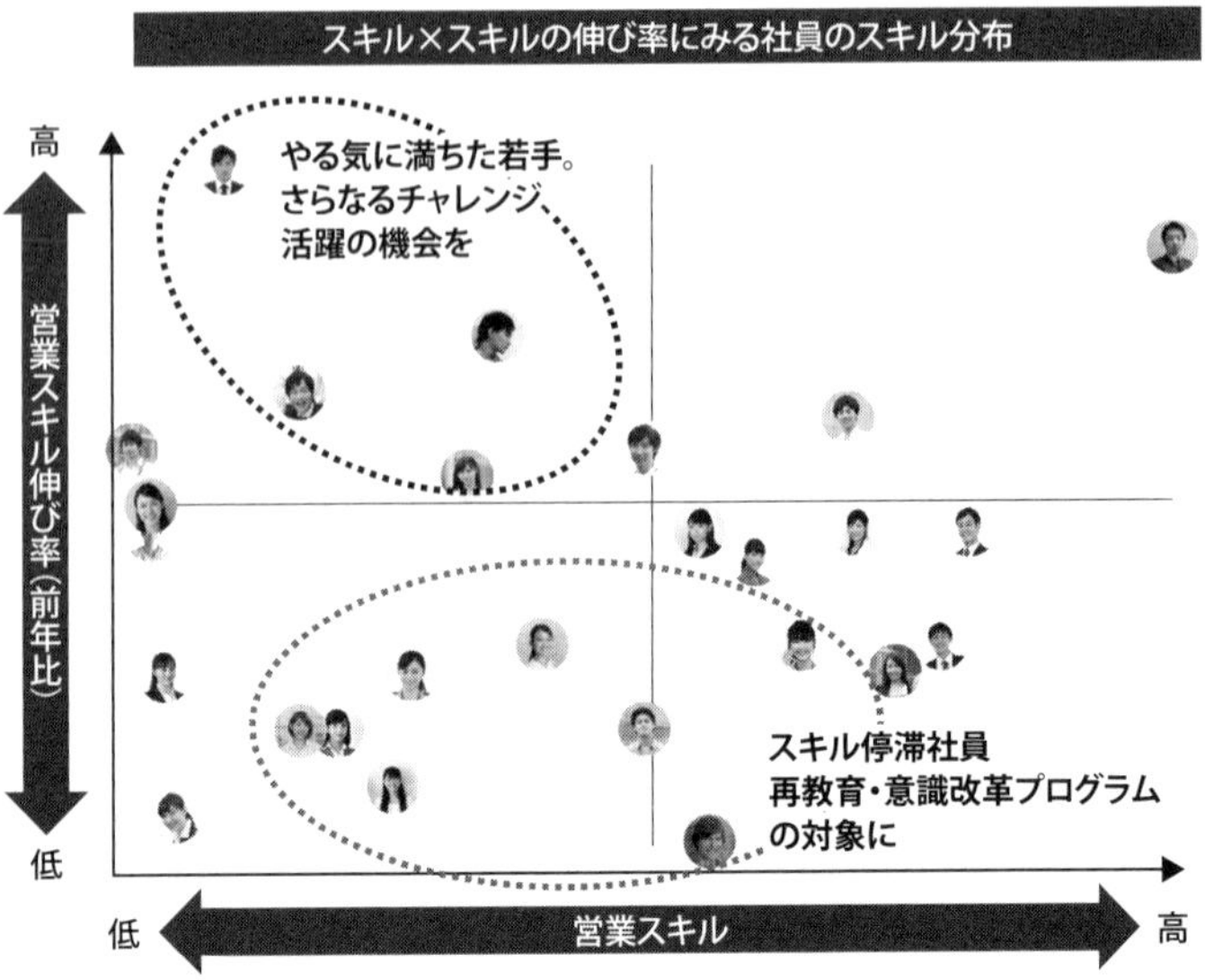

「A（改善）」の段階では、先のCの結果を受けて、スキルシートの見直しや改善を図る。スキルを把握するスキルシートに完成形はない。いったん自社で社員に求められるスキルを総ざらいしてスキルシートを完成させても、時代とともに備えておくべきスキルは変わっていくものだ。また、企業の10年後、20年後の未来を見据えた習得すべきスキルの再定義も必要となる。

スキルシートは逐次見直しを重ねて、より「いま」にマッチする内容に変え、その上で再び「P（計画）」の見直しや改善につなげたい。そして、PDCAサイクルを絶えず回して、計画的な人事育成を実践していこう。

3 最適配置を行う

①問題意識の高まり

戦略的な最適配置は、企業が科学的人事に踏み出す大きな動機づけとなっている。戦略的に人を育てていく上でローテーションは必要だが、どれくらいの期間が適切なのか、どういった部署に異動させることがその社員にとっても企業にとっても戦略上、最適といえるのか。ここに問題意識を持っている企業は多く、さらに増えていることを日々痛感している。

会社の規模が大きくなればなるほど、どの部署にどんな専門性を持っている人材が所属しているのかを把握することは難しくなる。第2章でも触れたが、新規事業のために人材を各部署から募っても部門長が出し渋ってエース級の人材がなかなか揃わないのは、人事部門にその事業に適切な社員が誰なのかを科学的に示す術がないからだ。

エース級の人材であっても、その部署にずっととどまって働き続けることがプラスになるとは限らない。もしかしたら社員のほうは採用の時点から新規事業の立ち上げに関わりたいと希望を出していたかもしれない。新規プロジェクトを担うのにふさわしいスキルや業績をあげているかもしれない。抜擢する、新規事業を任せる、別の部署で活躍してもらう。将来を考えて、さまざまな選択肢が考えられるはずだ。

だが、現実にはどの選択肢が良いのかを判断する根拠がない。こうした企業がまず着手すべきことは、社員に関するあらゆる情報を集約し、意思決定の際に最適な形でその情報を見える化できる状態にすることだ。

社員情報、スキル、適性、評価。さらには本人の希望や意思。「こういうことをやりたい」「こういう仕事なら、もっとスキルを発揮できるはず」といった本人の意思を他のデータとともにいったん同じお皿の上に置き、そこから配置を考えるのが戦略的な最適配置の道筋である。

②戦略的人材配置と育成的人材配置

人材配置は「戦略的な人材配置」と「育成的な人材配置」に大別される（図表4-6）。

戦略的人材配置の「戦略」とは、事業戦略的という意味合いだ。事業から見て最適な人材

図表4-6　科学的な最適配置、2つのアプローチ

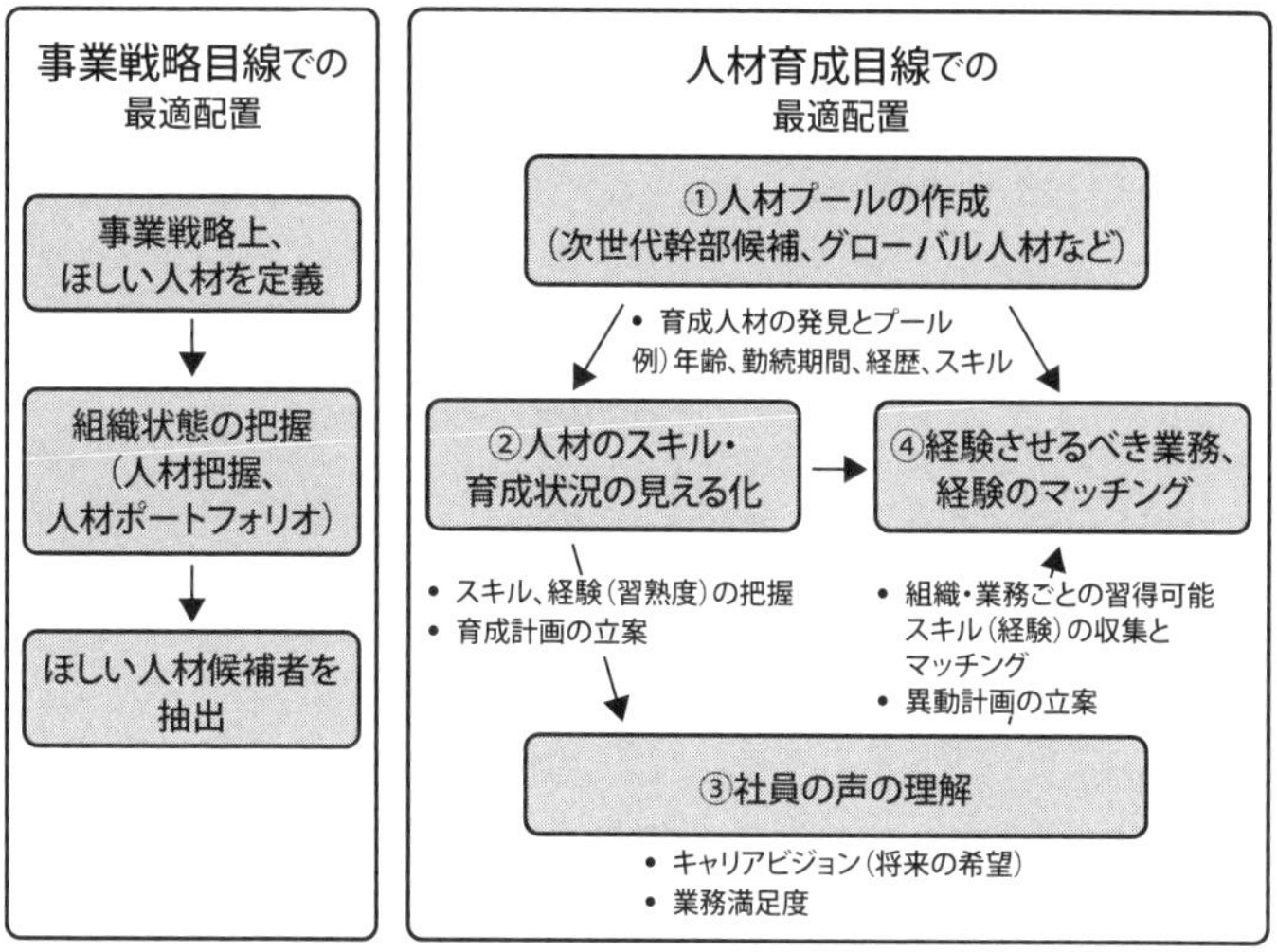

配置、収益を上げ企業価値を高めていくための人材配置と考えてほしい。

この事業が成果を出すためにはこの人材が必要だ。そんな視点で人を配置していくのが戦略的人材配置だ。まず事業戦略ありき。そこに人を当てはめていく形である。

一方、育成的人材配置とは人材ありき。社員がこれまで歩んできたキャリアや適性、将来まで見据えたキャリア形成を考慮した上で最適な配置に落とし込んでいく。社員の将来の育成を考えたら、この業務を経験させておいた方がいい。こうした発想で行う配置は育成的人材配置といえる。

2つのうち、どちらが正解でどちらが

スキルや売上、人件費など、変更後の組織状態の影響を数値でシミュレーションする

年齢【平均】		勤続月数【平均】		直近売上実績【合計】		人件費【合計】		営業スキル【基準以上の人数】		営業スキル【平均】	
改正前	改正後	改正前	改正後	改正前	改正後	改正前	改正後	改正前	改正後	改正前	改正後
29.0	29.0	60.7	60.7	22,404	22,404	21,430	21,430	28	28	13.5	13.5
28.4	⬇27.0	54.5	⬆71.0	4,554	⬇2,600	12,550	⬇940	8	⬇3	16.9	⬆18.0
31.8	⬇28.6	59.0	⬇49.0	4,350	⬇3,000	1,660	⬇1,310	4	⬆5	13.8	⬇13.0
26.9	⬇26.8	70.0	⬆80.4	5,550	⬇3,150	2,960	⬇1,640	7	⬇5	10.4	⬇8.6
29.8	⬇27.0	63.8	⬇33.0	4,100	⬆5,050	3,110	⬇3,030	5	5	12.6	⬇11.4
29.5	⬆32.2	51.3	51.3	3,850	⬆5,200	1,150	⬆1,500	4	4	13.3	13.3
27.0	27.0	69.0	⬇51.0	1,300	⬆1,900	350	⬆660	1	⬆2	14.0	⬆16.0
	31.7		⬆87.7		⬆2,200		⬆2,400		⬆3		⬆15.3

不正解というわけではない。どちらも必要であり、この2つをミックスさせた人材配置が求められる。

理想の最適配置をするために、戦略的な人材配置と育成的な人材配置を自由にシミュレーションできたらよいと思わないだろうか（図表4-7）。メンバーの平均年齢、スキルや個人の売上、人件費などさまざまな数値を使った複雑なシミュレーションが簡単にできれば、仮説が立てやすい。

仮にAさんを部署Bから部署Cに異動させるとしよう。シミュレーション機能があれば、Aさんを動かすと、Aさんが持っている顧客の売

図表4-7　異動シミュレーションによる科学的な人材配置

組織変更や人事異動を行うことで、組織のメンバー構成、平均年齢などの推移に加え、

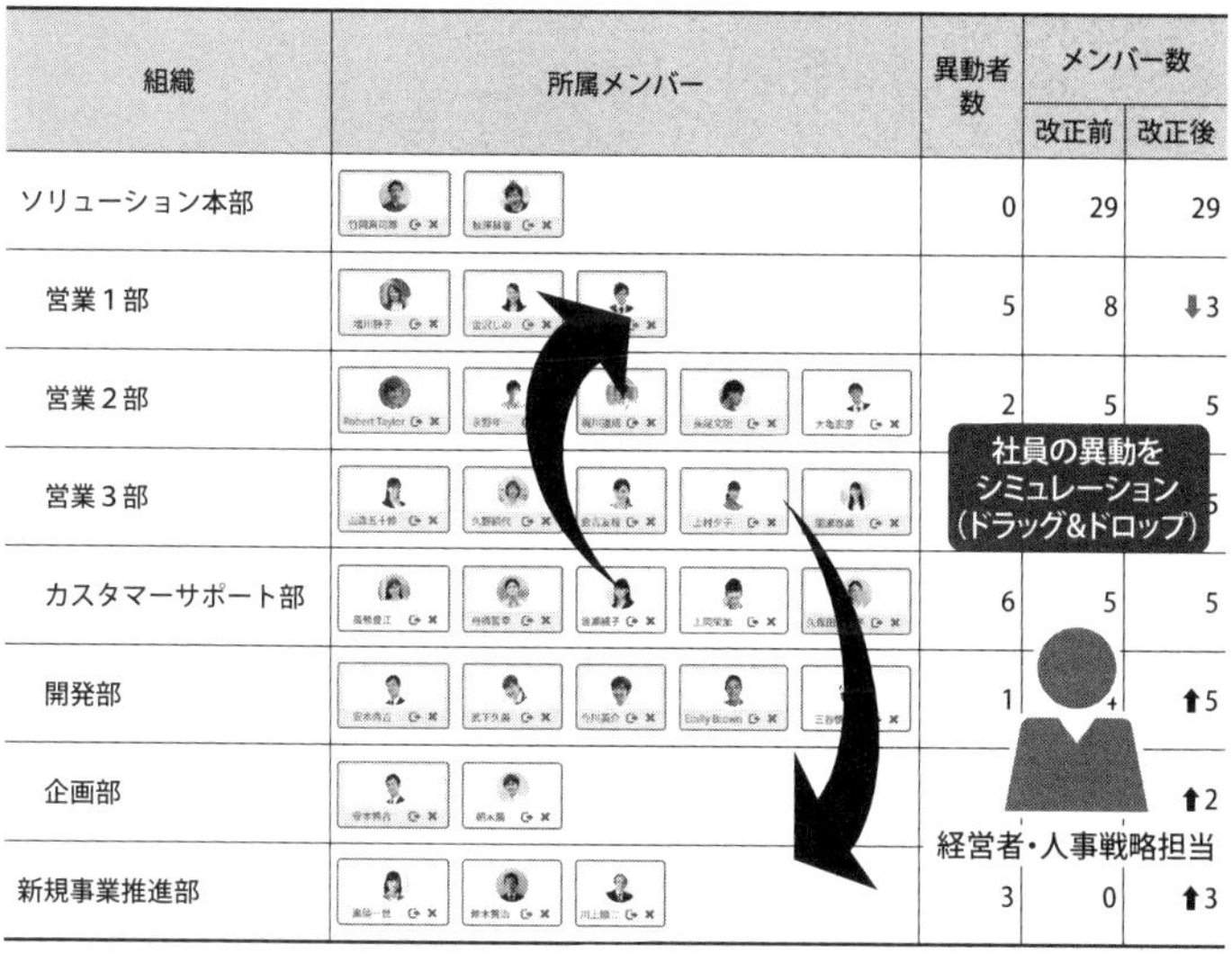

組織	所属メンバー	異動者数	メンバー数	
			改正前	改正後
ソリューション本部		0	29	29
営業1部		5	8	⬇3
営業2部		2	5	5
営業3部		[illegible]	[illegible]	5
カスタマーサポート部		6	5	5
開発部		1	[illegible]	⬆5
企画部		[illegible]	[illegible]	⬆2
新規事業推進部		3	0	⬆3

上が部署Bからどれくらい減ることになるのか、逆に新しい部署CにはAさんの売上がプラスされ、どれくらいの売上になるかが把握できる。異動元と異動先に与える影響を可視化できる。

③異動シミュレーションによる科学的な意思決定

新規事業を立ち上げるにあたって、各部署から人材を集める必要がある場合でもシミュレーションは効果的だ。

Aさん、Bさん、Cさん、Dさんを招集したら、それぞれが元いた部署の売上や人件費にどういった影響を与えるのかもすぐにつかめる。新規事業のメンバーの年齢が若すぎてバランスが悪いようであれば、もっと年齢が上の人を誰か入れた方がいいだろうという判断につながり、人件費が高くなりすぎるとわかれば安く抑えられる人材を増やした方がいいという判断も可能になる。

さらに、新規事業を希望する人の中から、異なるスキルを持つ人をバランスよくミックスすることも簡単だ。データが見える化されていれば、スキルと希望を見ながらシミュレーションするだけで済む。

シミュレートしてみて結果がいまひとつであればすぐにやり直してみよう。ベストの配置だと思ったら、人件費的に問題があったり、年齢的に偏りがありすぎたり、事業に求められる特定のスキルが欠落していたりすることが判明するかもしれない。シミュレートしてみて問題が発覚すれば再度プランを練り、またシミュレートすればいい。

最適と思われる結果にたどりつくまで、直感的に組織改正を何度もシミュレーションするのは、従来型の人事では絶対に不可能だ。科学的に人事異動をシミュレーションできれば、経験則に頼らない人事異動を実現できる。頭で考えられる範囲や属人的な知識や経験、ノウハウに制約されない意思決定が可能になり、戦略的な人材配置と育成的な人材配置のどちらにも有効だ。

さらにいえば、適性検査を実施して社員の適性をデータ化しておくと、創造志向の人と管理志向の人とをうまく組み合わせるといった人材配置も難なくできる。例えば、自己主張が強く創造志向が強い人材が重用される傾向にある中で、バランスをとるべく管理志向の人材を配置した組織編成を進めたいといったケースなどには非常に役に立つはずだ。適性や性格といった要素も含めた組織改正シミュレーションは人事異動の可能性を広げるものである。

④将来の希望業務や過去の業務経験から社員の配置を考える

将来の希望業務や過去の経験業務に関するアンケート調査の結果についてテキストマイニングで解析することで、文中に出現する言葉から社員をセグメントすることができる。

例えば、将来の希望業務に関する回答文の中に「新事業」「新規事業」「新規プロジェクト」などの単語、あるいは「新しい」と「事業」、「新しい」と「プロジェクト」などの係り受けのいずれかが出現する社員について、新規事業に関心がある社員としてセグメントすることができる。同様に、図表4-8では、グローバル対応や営業、マーケティング、人事・人材育成に関心のあるセグメントを設定している。

このようにすると、もともとのアンケートにあたかも将来の希望業務に関する選択式の項目として用意されていたかのように、分析項目として扱えるようになる。例えば、年次と希望業務を掛け合わせると、新入社員、若手、中堅層それぞれに、新規事業や営業、マーケティングに関心のある社員がどのように分布しているかがわかり、その中から次の異動対象とする社員を抽出するといったことが可能になる。

このようにテキスト情報に基づき社員をセグメント化することは、言い方を変えると定性情報を定量情報として扱えるようにすることであり、アンケート結果について組織としての意思決定に有効活用できるようにするものである。

同様に、各社員が過去に携わった新規事業やプロジェクトチーム名、研究開発のプロジェクト名、新商品開発の社内起案タイトル、出願した特許や論文のタイトルなどから、社員の経験や専門性に基づいてセグメントすることもできる。

前記のアンケートによる希望業務であれば、最初に大枠の選択肢を用意しておき、「その他」を選択した人だけ自由記述の文章で回答してもらい、それだけをテキストマイニングで分析することもできる。一方、このようなプロジェクト経験や業務経験となると分野・領域が多岐にわたり、あらかじめ選択肢を想定し用意しておくことは難しい。まさに、テキストマイニングが威力を発揮するところである。

一般に歴史のある大企業においてルーツや歩みがまったく異なる事業がある場合や、過去

図表4-8　テキストマイニングを活用した、将来の希望業務や過去の業務経験によるセグメント設定

分類軸の設定

【分類軸】将来の希望業務

分類項目	分類条件（「or条件」）
新事業	【単語】新事業、新規事業、新規プロジェクト… 【係り受け】新しい-事業、新しい-プロジェクト…
グローバル	【単語】グローバル、海外、外国、米国、アメリカ、中国、英語…
営業	【単語】営業、提案、セールス、販売、店舗、店頭…
マーケティング	【単語】マーケティング、CRM、宣伝、広告、CM…
人事・人事育成	【単語】人事、人材、社員教育、採用… 【係り受け】社員-教育、社員-育成…
…	…

【分類軸】業務経験・専門性

分類項目	分類条件（「or条件」）
医療・ヘルスケア	【単語】医療、病院、医薬、製薬、ヘルスケア、健康…
電力・エネルギー	【単語】発電、電力、原発、原子力発電…
電池	【単語】電池、バッテリー、蓄電、充電…
センサー	【単語】センサー、センシング
新素材	【単語】新素材、新規材料 【係り受け】材料-開発…
繊維	【単語】繊維、化繊、ファイバー Not 光ファイバー …
…	…

社員のセグメント（イメージ）

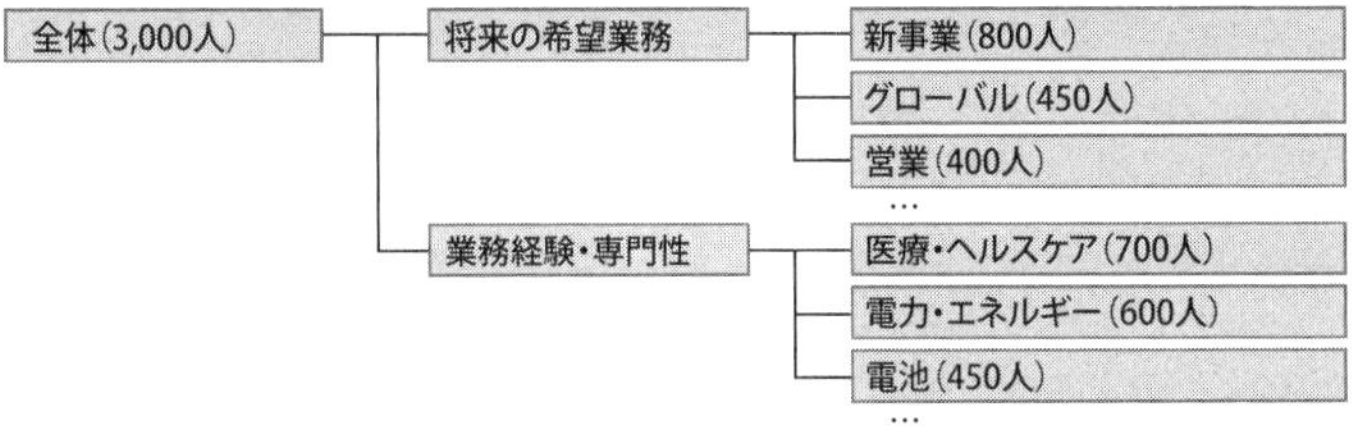

社員のセグメントに基づく定量分析（イメージ）

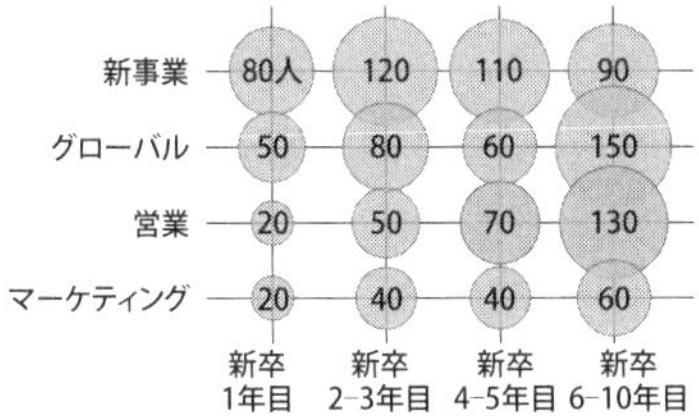

に大規模なM&Aが行われている場合などには、なかなか同じ社内、グループ内であっても、どこにどんな専門性を持つ人材がいるのか把握しきれていないことが多い。

例えばBtoB向けに化学素材を提供するメーカーの場合、事業部門は自動車事業、電子機器事業、医療・ヘルスケア事業、環境・エネルギー事業というように、最終製品やサービスの分野で分かれていることが多い。そうしたとき、異なる事業部門で実は共通の素材を扱っていたり、共通の生産技術や制御技術を用いていたりしても、各事業部の担当者はもちろん、コーポレートの人事部門でも事業会社や事業部を横断して人材の全体像を掌握し切ることは難しい。

その結果として、新たな事業領域への進出を狙っても、社内の人材を有効に活用し切れず、自社の潜在的なポテンシャルを発揮し切れていないといったケースは非常に多い。

なお、こうした分析は、調査会社やコンサルティング会社、大学や研究機関など個人から数人での業務がベースとなっている業界でも有効である。コンサルタントや研究者同士が組織的にノウハウを共有したり、組織の壁を越えて積極的に交流する文化や雰囲気、仕組みがないことが多い一方で、きわめて専門性が高く、深く幅広いノウハウや蓄積を持つ人材が散在しているからである。

4 採用ミスマッチを防止する

①活躍社員の採用時の発言を読み解く

コストをかけて採用したのに入社後、思ったように活躍していない。すぐに辞めてしまった――。心当たりのある企業は多いのではないだろうか。

採用のミスマッチをゼロにすることは不可能だが、できるだけ精度を上げることは不可能ではない。そのためには、時系列で人材データを蓄積することだ。

例えば現在活躍している社員は、採用時に志望動機としてどのようなことを発言していたか、記入していたかをたどってみよう。逆に入社後の成果が期待以下だった社員についても同じように探ってみる。これらの作業から自社にマッチした社員とそうではない社員の適性が浮かび上がるはずだ（図表4－9）。

3年経ったいま活躍している社員の入社時の発言や、逆に活躍できていない社員の発言から特定の傾向が読み取れれば、次回からはそうした人を積極的に採用する、あるいは採用するのは控えるという行動につながる。

図表4-9　社員の活躍状況と入社時の発言内容「特徴語マップ」

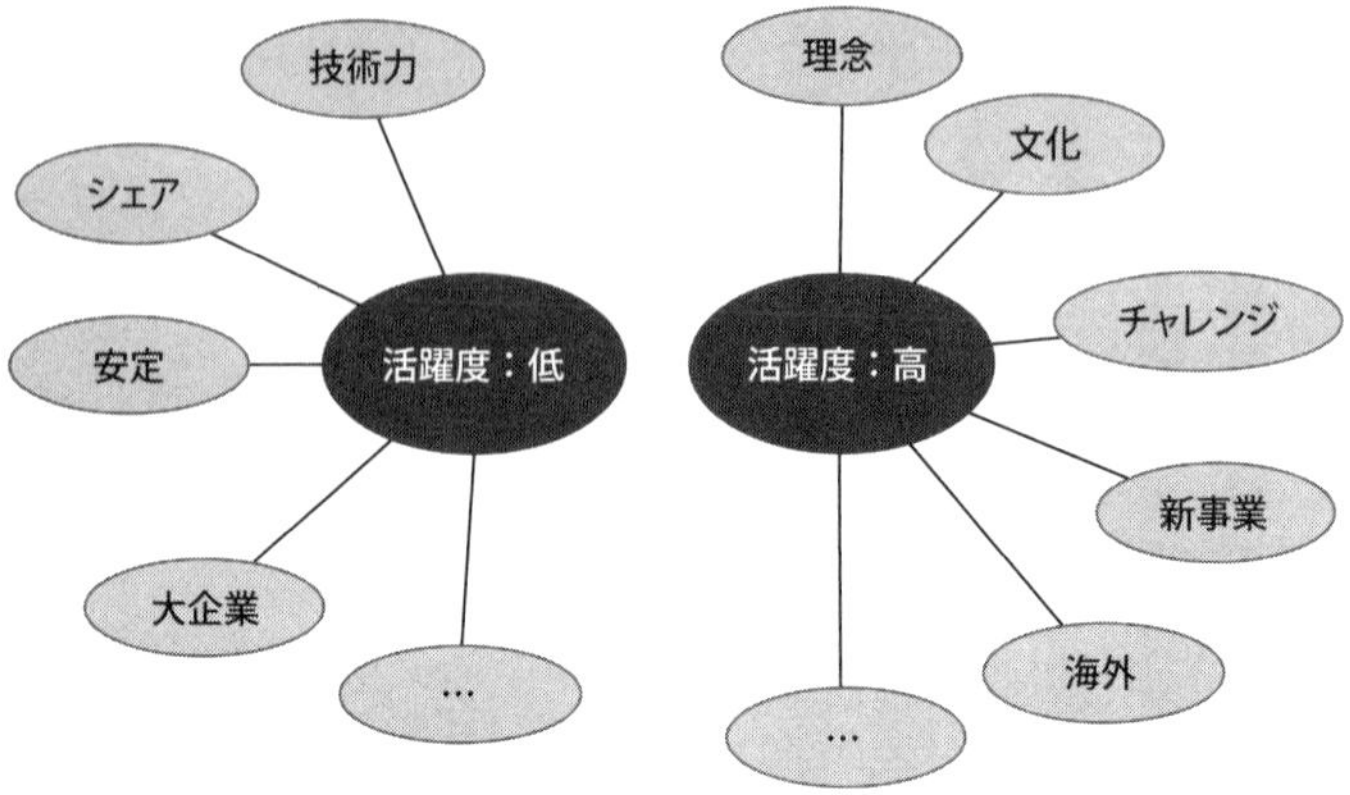

中途採用者であればもともと持っていたスキルや志望動機についていま一度検証してみるのも効果がある。今後、中途で人を採用するときの基準となるヒントが過去の発言に隠されているかもしれない。

内定を辞退した人のデータについていま一度確認してみることもおすすめしたい。ほとんどの会社で内定辞退者のデータは活用されないまま放置されている。

だが、志望動機や面談記録などのデータを分析すれば、自社に向かない人材の特性や傾向がつかめる。内定辞退者をいまさら引き止めることはできないとしても、彼ら彼女たちが残した足跡は次回の採用時に活かすことができるのである。

②適性検査を実施し適性を把握する

入社の面接時には必ず適性検査を受けてもらい、特性を把握しておきたい。弊社プラスアルファ・コンサルティングが提供する「タレントパレット」では、独自開発した適性検査（ＴＰＩ＝Talent Performance Indicator）を全社員が受検できるように無償で提供している（図表４−10）。なお、このＴＰＩは導入企業に限らず、誰でもウェブで受検することができる（https://www.pa-consul.co.jp/TalentPalette/aptitude.html）。自分が気づかない内面について科学的アプローチから８つの座標軸で適性を判断し、各座標軸のポイントの高低に対しポジティブかネガティブかの診断傾向を加えて、自分自身を理解する検査だ。

ここでいう８つの座標軸とは、革新性、活動性、情動性、協調性、感受性、積極性、社交性、環境順応性。極端に積極性や社交性が高いが協調性に乏しい人、活動性や革新性は高いが感受性が低い人など、８つの座標軸から社員の特性を推察することができる。入社後にあまり活躍できていない人や内定辞退者が過去に受けた適性検査の結果を見れば、自社にマッチしない人の傾向が見極められる。応募者があらかじめ受検した適性検査の結果を分析することで、面接ではより深い質問を投げかけ、相手の内面に迫ることができる。適性検査は採

図表4-10　最新の適性検査：TPI（Talent Performance Indicator）

■TPI受検画面

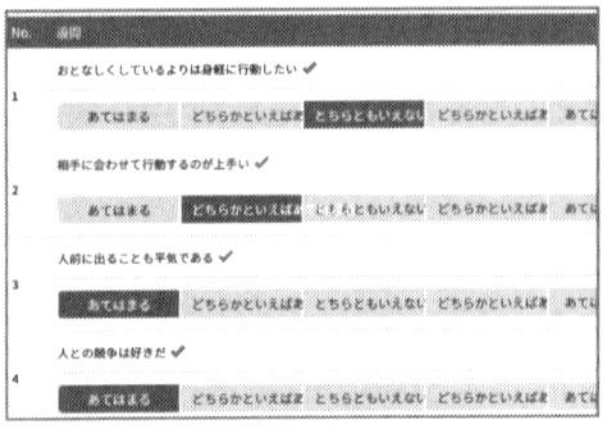

即時解析

■検査結果（8つの座標軸）

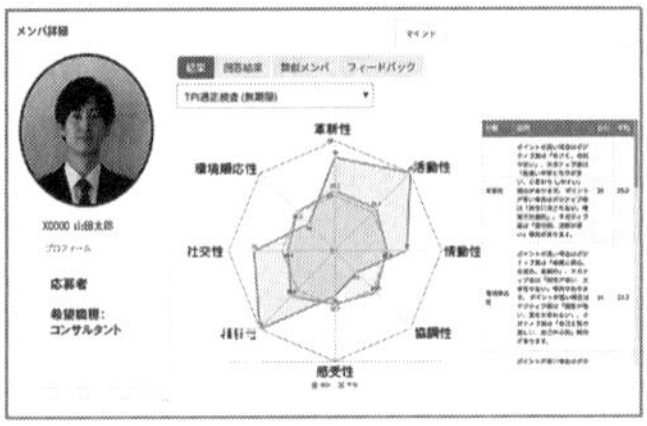

活用

採用ミスマッチ防止

類似メンバー分析：社員の誰と似ているか

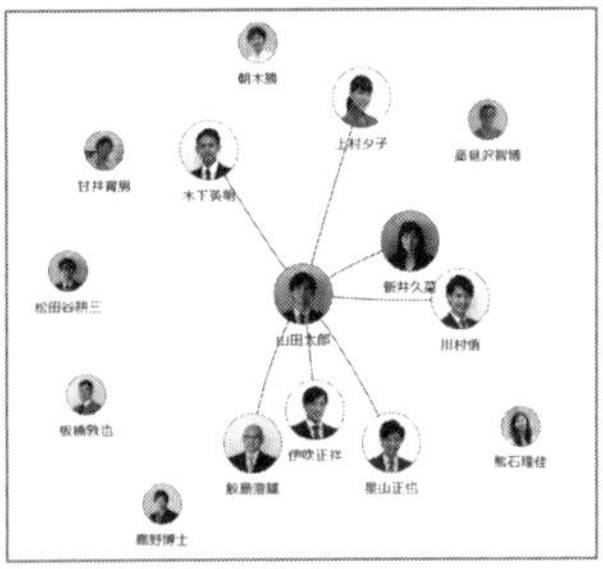

活用

ハイパフォーマー分析

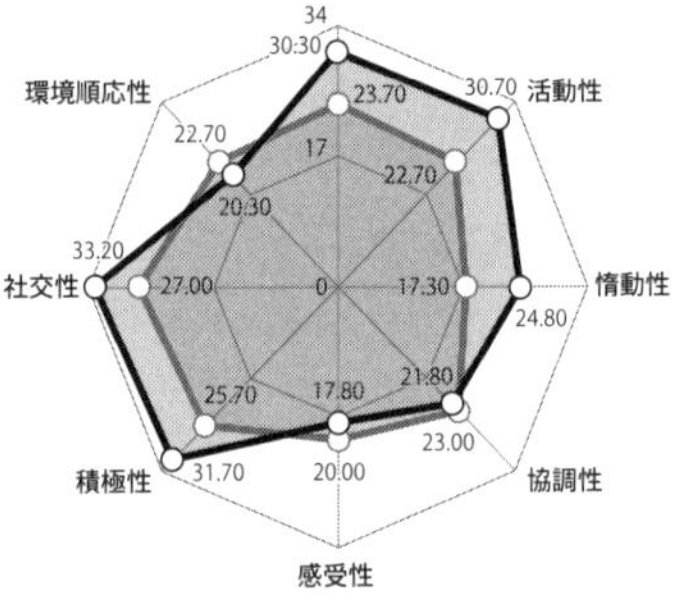

TPI（タレント・パフォーマンス・インジケーター）とは

プラスアルファ・コンサルティング社が独自で開発した適性検査。

働く社員自身が気づかない内面を科学的アプローチから8つの座標軸で適性判断し、各座標軸のポイント高低に対してポジティブ／ネガティブの診断傾向を加え、社員の理解を促進する。

さらに、全社員が手軽に受検することで、組織全体での適正な最適配置や育成、活躍する社員像の見える化による採用ミスマッチ防止を可能とし、科学的な人事戦略実践に向けた強力な武器になる。


活躍社員の適性を採用者や配属予定者と相対的に比較し、ミスマッチ防止、抜擢人事に活用する

離職防止

最適配置

相性の把握

用の参考データとして積極的に利用したい。

第3章では全社員を対象にTPIを実施することで、社員の類似性を把握する方法について紹介した（106ページ）。この手法を使えば、採用時に応募者について「活躍している社員の中の誰に近いか」を把握できる。応募者と社員一人ひとりの特性を比較した上で、「営業部門のAさんに最も近い」といった結果が出れば、具体的な人材像が描きやすい。

社員の誰かに近い特性や似た傾向を持つからといって必ずしも採用の決め手になるわけではないが、入社したらあの営業マンのように活躍してくれるかもしれないというイメージはわきやすい。事前のインプット情報として有効だ。

TPIを使えば、自社にとって理想的なモデル人材を定義することもできる（図表4－11）。モデル人材とは、自社に欲しい人物像のことだ。例えば、「自社で成果をあげている熱血営業マンといえば、この人とこの人とこの人」、「慎重派で深い考察を得意とする凄腕コンサルタントといえば、この人とこの人」というように、特定の一人ではなく、複数の社員から「欲しい人材像」のモデルとして定義することで、その集団に共通する適性やスキルから理想的な人物像を、モデル人材として定義するのである。モデル人材を設けて応募者の活躍予測をすれば、採用のミスマッチを防ぎやすくなるはずだ。面接の質や採用の精度を高めるために

図表4-11　モデル人材（活躍人材）との類似性から採用後の活躍度合を予測する

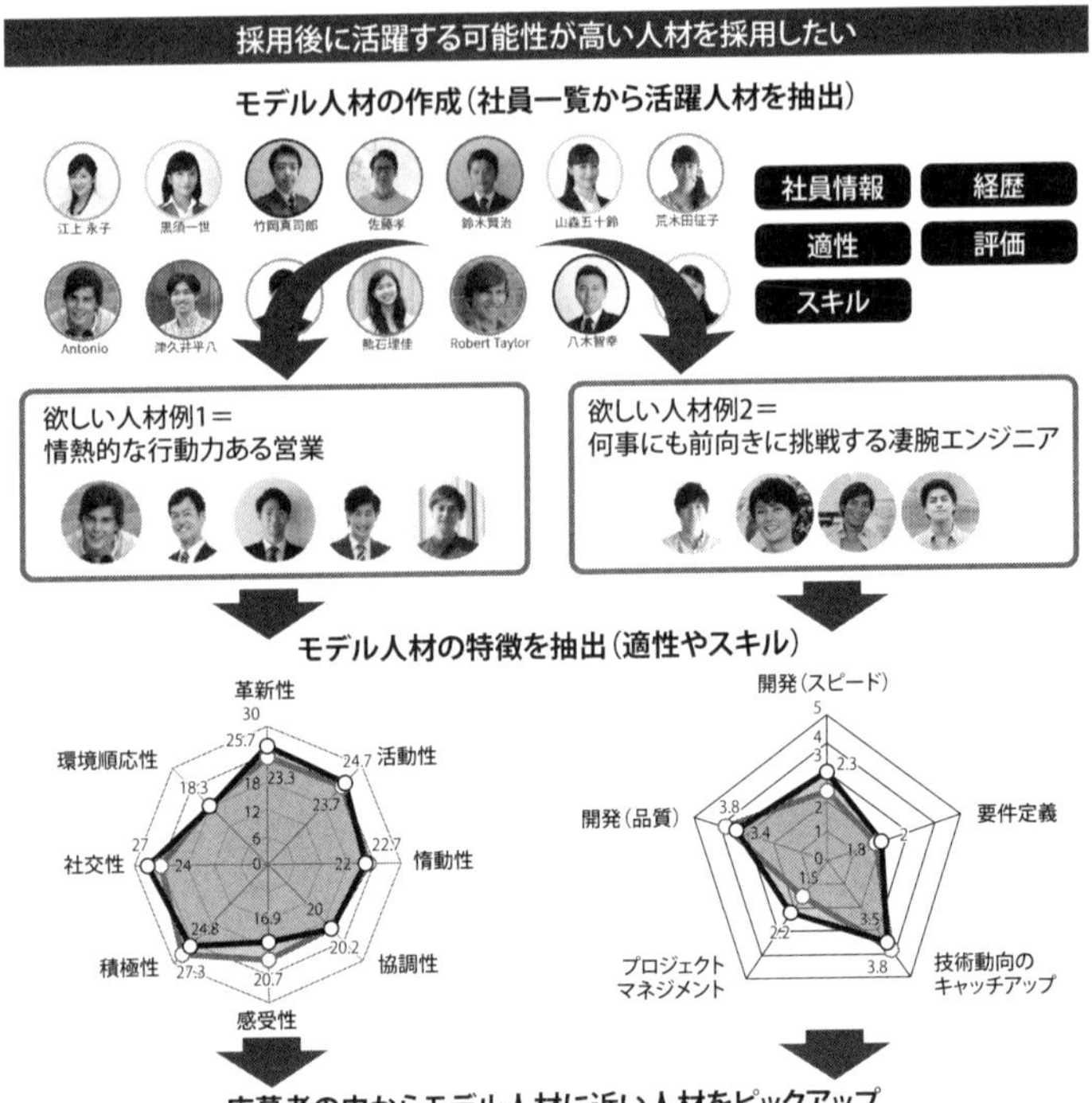

応募者の中からモデル人材に近い人材をピックアップ

	最終学歴	氏名	類似するモデル人材
	プラスアルファ大学	金沢しの	情熱的な行動力ある営業
	カスタマーリングス大学	川村悟	
	人材大学　大学院	山田太郎	
	ヒューマンリソース大学マンパワー専攻	古屋真希	
	品川大学	長島裕司	何事にも前向きに挑戦する凄腕エンジニア
	コンサルティング大学	寺本太一	
	浜松町大学	八木寧々	

もぜひとも全社員のＴＰＩを実施しておきたい。

5 離職を防ぐ

①離職者の特徴や傾向を読み解く

離職はいま、多くの企業にとって深刻な問題となっている。人材獲得競争が激しくなり、人手不足が続く中、優秀な人材の離職が企業に与えるダメージは大きい。

弊社も例外ではない。社員数が少ないうちは問題なかったが、１００人を超えたあたりから一人ひとりの社員の顔が見えなくなり、それぞれの社員に合った計画的な人材育成や研修制度の設計が難しくなった。

その結果、浮上したのが社員の離職問題だ。ある日突然、部下に「お話があるのですが」「相談があります」と切り出されるとドキッとし、いやな予感に襲われる。会議室に移動して話を聞いてみると案の定「辞めたい」という。もう決心も固いようだ。こういうケースを少なからず体験している。

図表4-12　離職防止のためのデータ活用3ステップ＋α

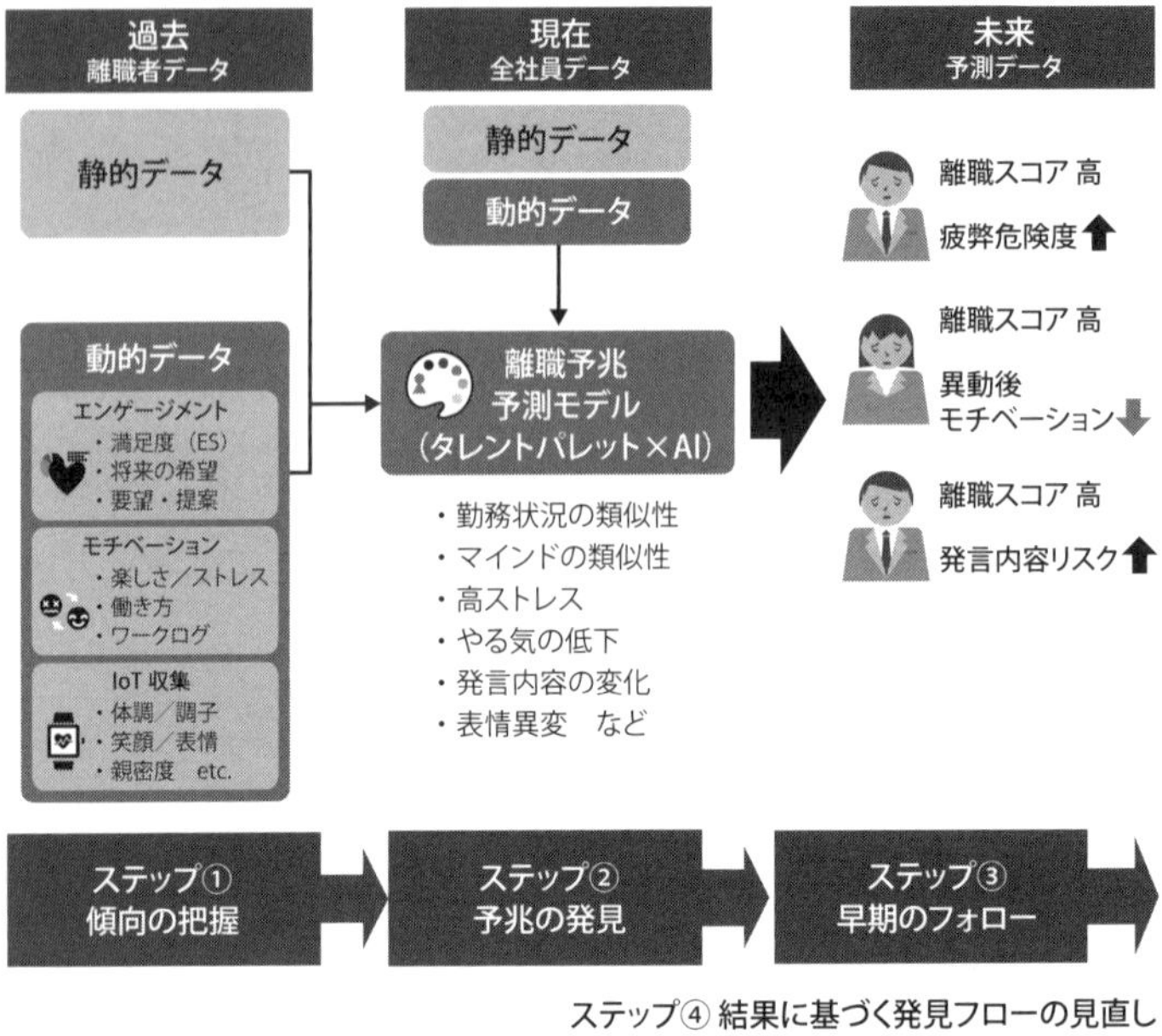

そう規模の大きな会社ではないため、特定のスキルを持っている人材が何人もいるわけではない。スキルの高い人、特に有能な人に辞められてしまうと大打撃だ。現在は落ち着いてはきたが、離職防止はいまも弊社にとって現在進行形の重要課題である。

離職防止をマーケティングの世界に置き換えると、顧客の離反防止となる。科学的な手法が進んでいるマーケティングでは、離反顧客のデータを蓄積し、徹底的に離反傾向を分析することで、未来の離反防止に活かしている。

これと同じようなことが人事でできているかといえばほとんど行われていない。

そこで、マーケティングと同じように社員（顧客）のデータをしっかり分析しよう（図表4―12）。

まずは過去の離職者の静的データと特に退職前の動的データの両方を確認することで、すでに会社を去ってしまった人の特徴や傾向を把握する。これがステップ1だ。

次いで、ステップ2では現社員の静的データと動的データを、ステップ1で把握した離職者の傾向と照らし合わせる。離職予兆を発見するステップだ。

現在の業務に対する満足度や将来の希望、要望や提案、意見といったエンゲージメントに関するデータ、仕事に対して感じている楽しさやストレス、働き方、ワークログなどのモチベーションに関するデータ、さらにまだ実施しているところは少数派だが、体調や疲労度、笑顔や表情を探るIoT技術を使って取得した心理状態など。これらの動的データを静的データと併せて分析すると、勤務状況やマインドの離職者との類似性、高ストレス、やる気の低下、発言内容の変化、表情異変などを離職スコアとして指標化し離職予兆の発見につなげることができる。

離職予兆が発見できたら、ステップ3では早期のフォローを行っていく。疲弊危険度、異動後のモチベーション低下、発言内容から読み取れるリスクなどを踏まえて社員ごとに離職スコアを見ながら面談を行うなど、起こりうるかもしれない未来に備えていくのである。

疲弊危険度が上がっている社員であれば業務負荷を減らす方向が考えられるだろう。異動後に急激にモチベーションが低下している社員であれば、上司に問題があるのかもしれないし、業務が合っていないのかもしれない。そうした仮説のもとに解決できる方法を探っていくのがステップ3だ。

そして、その結果に基づいて、離職スコアを算出するロジックの見直しを行い次に活かしていくのがステップ4だ。科学的人事では、データを活用することでさまざまな気づきを得ることができるが、実際に人と接する中で感じた感覚と合っているかどうかも確認する必要がある。もし違和感があるなら、適宜ロジックを見直していくことも重要なステップだ。こうしたPDCAサイクルを回すことこそ、分析結果を絵に描いた餅にすることなく生きた活用につなげ、科学的人事を成功へと導く。そしてこの試行錯誤を他社に先駆け実施し知見を貯めておくことが、人材活用で競合他社よりも一歩抜け出す競争力につながっていくのである。

離職スコアの算出に欠かせないのがテキストマイニングだ。離職者の過去の面談記録などにテキストマイニングをかければ、離職予兆を示す「離職ワード」を抽出できる。「業務量」

図表4-13　離職ワードランキング → 離職予兆の指標化

■離職ワードランキング（離職者の発言に特徴的に出現する単語）

No.	離職ワード	離職者	在職者	離職ワードスコア	品詞	件数	割合
1	多い			35.3	形	61	9.0%
2	業務量			34	名	83	11.9%
3	残業			7	名	15	4.5%
4	相談しにくい			14.6		21	3.0%
5	終える（否定）			14.6		10	3.0%
6	難しい						
7	時間内						
8	異動する						
9	案件						
10	振り分ける						

■離職ワードから離職可能性の高い社員を抽出

No.	メンバー	離職スコア	出現した「離職ワード」	面談記録の文章
1	F0070 泉川絹子	164.7	業務量, 多い, 残業, 優先順位, 時間, 難しい	業務量が多く、優先順位をつけることが難しい。まだ自分ができないことがたくさんあるので、できるようになったらもっとスムーズに業務を終えられる気がする。
2	H0121 皆瀬綾子	156.2	業務量, 多い, 感じる, 優先順位, 相談しにくい, 難しさ, 終わる（否定）	優先順位をつけるのが苦手なため、業務時間内に業務が終わらないことが多い。
3	F0063 梶川道成	100.8	業務量, 多い, 感じる, 終える（否定）, 難しさ	業務時間内に業務を終えることができない。仕事内容については非常に楽しく満足していますが、仕事量が多いと感じるのは確かです。
4	X0002 金沢しの	69.3	業務量, 多い	勤務時間が延びてしまうことが多いので、体力的に不安になることがある。仕方ないですが、メンテナンスなどで深夜業務があると体の不調が出ることがある。
5	OZA002 池野恭三	58.7	多い, 相談する（否定）, 負担, 頼る	1人で仕事をすることが多いので、あまり誰かに頼ったり、相談することができないのは負担に感じることもある。

や、「残業」「優先順位」といった名詞、「多い」や「難しい」という形容詞、否定的な意味合いで使われた「終える」や「慣れる」といった動詞。離職者の発言傾向が高いこれらの「離職ワード」を特徴度を示す「離職ワードスコア」値と併せて抽出する。これらを社員の面談記録などの文章に適用することで「離職ワード」の出現頻度から離職スコアを算出すれば、離職の危険性の高い社員を未然にピックアップできるのである（図表4－13）。

例えば、Aさんが「業務量が

多く、優先順位をつけることが難しい。まだ自分ができないことがたくさんあるので、できるようになったらもっとスムーズに業務を終えられる気がする」といった発言をしていたら要注意だ。ここには、「業務量」「優先順位」「(否定的な意味での)終える」という単語が登場している。離職ワードが多出していると離職スコアは上がり、Aさんを離職リスクが高く何らかのフォローが必要な社員として検知することができる。

②離職リスクを検知する7つのアプローチ

これまでタレントパレットで離職防止の分析支援をしてきた中で、7つの検知アプローチが浮かび上がっている(図表4−14)。

一つは日々の勤務状況だ。勤務日数、残業時間、休暇の取得日数や月曜日の休暇率を分析しモニタリングすると離職傾向が読み取れる。特に月曜日に限って休みを取ることが多い社員については要チェックだ。離職の確率が高まっているケースが多い。

2の適性や性格特性も検知すべき要素だ。離職者とマインドが類似している社員についてもモニタリングが欠かせない。

3のように、今日は楽しかった、今日は達成感があったという日々のモチベーション変化、

図表4-14　タレントパレットが挑戦する7つの離職検知アプローチ

No	離職の検知パターン	分析・モニタリングする軸	要因	変化度合
1	日々の勤務状況	・勤務日数 ・残業時間 ・休暇の取得日数 ・月曜日の休暇率	外部	変動
2	適性、性格特性	・過去の離職者とのマインドの類似性	内部	固定
3	日々のモチベーション変化	・日々の仕事の楽しさ、達成感 ・仕事の難易度と楽しさ、達成感の乖離 ・過去の離職者との類似性	内部	変動
4	異動変化	・職場の環境変化前後でのモチベーションの変化 ・トリガー例：人事異動、上司の変化、相性	外部	変動
5	発言内容・テキスト情報（テキストマイニング）	・アンケート（満足度調査、自己申告書）の自由回答 ・日々の業務日報（悩みごとなど）	やや内部	固定・変動
6	相互モニタリング	・周りでちょっと心配な人を相互に発見	全方位	固定・変動
7	表情などの身体変化	・表情変化（カメラとの連係） ・メンタルヘルス情報との連係 ・IoT技術との連係	内部	変動

また仕事の難易度と楽しさ、達成感との乖離もまた、離職の前兆を予見する上で重要なポイントとなる。難易度が高く、かつ「楽しくない」というマインドが続くと離職の確率が高まっていることが予想される。

ここでいう難易度との乖離には、仕事が物足りなくてモチベーションが下がるという傾向も挙げられる。人が仕事を辞めたくなるのは、仕事が難しく自分には荷が重いと感じるときばかりではない。やさしすぎて物足りない、仕事がつまらない、達成感が得られない場合も離職のトリガーになり得る。優秀な人ほどそうなりがちだ。

弊社でもそういった例があった。やる気満々で入社し、会社の雰囲気にも溶け込み力を発揮していた社員が、仕事への達成感が乏しいという理由で退職していった。

こうした退職理由としてありがちなのが、学生時代の友人と会ったときに自分よりも大きな仕事を任されて活躍している姿にショックを受け、退職を決めるというパターンだ。仕事に意欲を燃やしている友人の話を聞き、はたと自分を振り返ってみると、手がけている仕事の難易度が低く、いまひとつ手応えが乏しい。こういったケースでは少なからず離職へと至る。

もし難易度と楽しさ、達成感との乖離が目立つようなら、今の業務がその社員の能力に見合っているのか、別の業務の方が向いているのではないかといったフォローが必要だろう。

4の異動もまた離職のトリガーとなる。以前の部署の上司とは良好な関係だったのに、新しい部署の上司とは馴染めそうもない。憂鬱になる。あるいは、新しい業務がどうしても自分には合わない。そういった環境変化は離職につながりやすい。環境が変化する前後のモチベーションには特に注意が必要だ。

5のように、アンケートや業務日報に記された発言内容もまた、離職と高い相関関係にある。「荷が重い」「残業が多い」「今回の案件はどうしても合わない」といった発言はないだろうか。テキストマイニングをかけることで、こうした要注意キーワードをチェックできる。

６の相互モニタリングも離職予兆の検知には有効だ。モニタリングというと語弊があるかもしれないが、あの人は最近ネガティブな発言が多い、仕事に対して後ろ向きになったというちょっとした変化に気づけばそこから先のアクションにつなげやすい。

７の表情などの身体変化も離職予兆を物語る要素だ。日本で実践しているところはまだ少ないが、将来的にはカメラと連係させて表情の変化を見たり、メンタルヘルス情報やＩｏＴ技術と連係することで、早期に離職予兆を検知し、防止につなげられる時代がくるだろう。

③離職者の傾向を「採用」にもフィードバック

離職に関するデータが蓄積していくと、そこから読み取った傾向を今度は採用にフィードバックできるようになる。

早々と辞めてしまった社員は採用時にはいったいどのような発言をしていたのか。そもそも志望動機はなんだったのか。採用時点での発言内容を振り返って分析してみると、特定のワードやフレーズが傾向として浮かび上がるかもしれない。

傾向をつかめば、「こうした社員は我が社には合わない」ということが事前に把握でき、採用を控えるという判断も可能になる。

会社とは縁がない存在になったとしても、その人たちが会社に残した発言やデータは決してムダにはならないのだ。マーケティングのように、辞めてしまった社員（≒休眠顧客）を効果的な施策によりふたたび復活させることは難しいが、離職者のデータはこれからの社員の離職の防止や、企業の明日を担っていく社員の採用時に有効に活用できる。

マーケティング視点でいえば、個人情報を除いた離職社員のデータは蓄積していくべきだ。そこから離職の予兆や傾向を読み取り、今後の施策に活かしたい。離職者をゼロにすることはできないとしても、離職者のデータを活用し、次回からより自社によりマッチした人材を採用することはじゅうぶんに可能である。

④適性検査でオペレーターの離職率を改善した事例

コールセンターで働くオペレーターの離職率の高さを少しでも解消したい。そんな長年の問題を解決するために適性検査のデータを活用している会社の事例を紹介しよう。

この会社では採用後1年以内での離職率がきわめて高く、採っても採っても人が追いつかない厳しい人員体制だ。

オペレーターは入社後、最初に約3カ月間の研修を受け、その後数カ月間のＯＪＴを経て、いよいよ本番勤務となる。しかし研修はなんとか無事に済んでも、ＯＪＴの最中に続々と人が辞めていく。コールセンターにはお客さまからさまざまな質問やクレームが寄せられるため、頭ではわかっていても、いざ現場で実際にクレームに直面すると辛くなり、辞めてしまうのである。

そこで、退職者の入社前の適性検査の結果を確認してみると、明らかにオペレーターの職種には向いていない特性が浮き彫りになった。そこで次からは面談のときには「入社後すぐに辞めそうな特性」を念頭に置いた上で面談をし、採用を決定するようにしたところ、研修が終わったあとの退職率に明らかな改善が見られるようになったという。

とはいえ、ＯＪＴ期間中に辞めてしまう人はまだ存在し、全国に10カ所以上あるコールセンターの退職率に温度差があるのも事実。上司や同僚が自分に共感してくれるか否かのウエットな対応も離職率改善のカギを握っていることが判明し、現在は改善がうまく運んでいるセンターのケースを参考に、ベストプラクティスの共有を進めている。

今後もコールセンターに寄せられる顧客からのクレーム自体が減ることは考えにくく、離職率を劇的に下げることは難しいが、この会社では、適性検査の結果について社員の特性を理解するベースとした上で、お客さまへの効果的な対応のマニュアル化、電話からチャットへのシフトなど複合的な施策でさらなる改善を目指している。

図表4-15　モチベーション変動要因の分析

**オペレーターのモチベーションとVOCを紐づけることで、
モチベーションの変動要因となっている問い合わせ内容が把握できる**

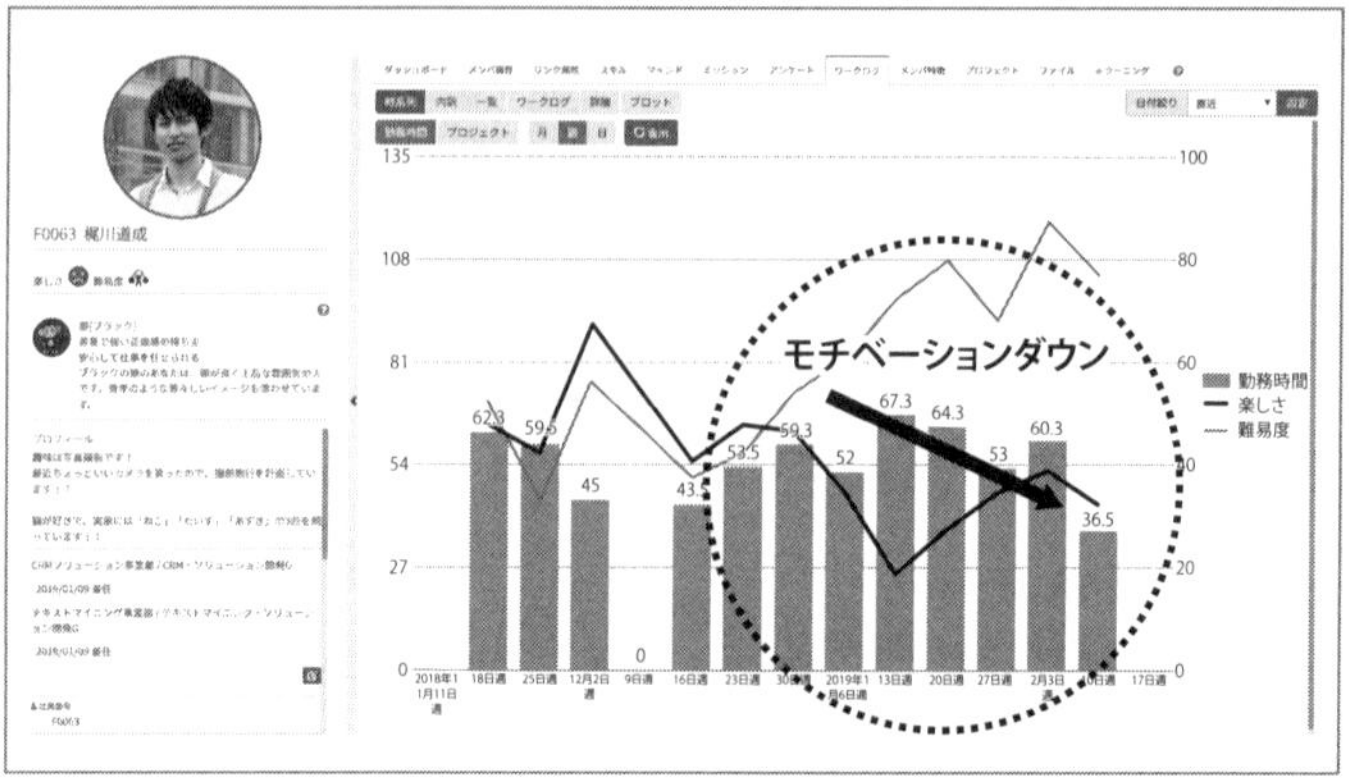

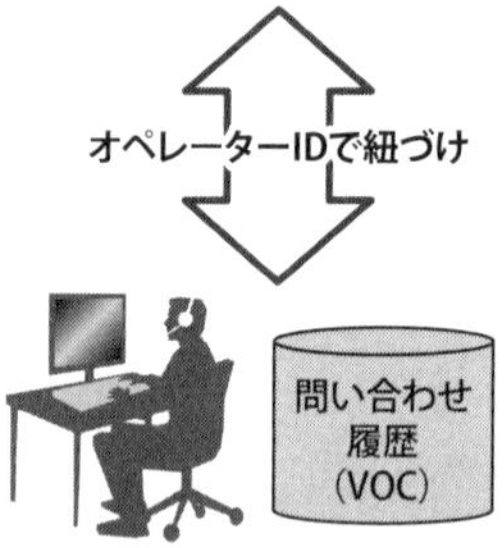

【問い合わせ内容】

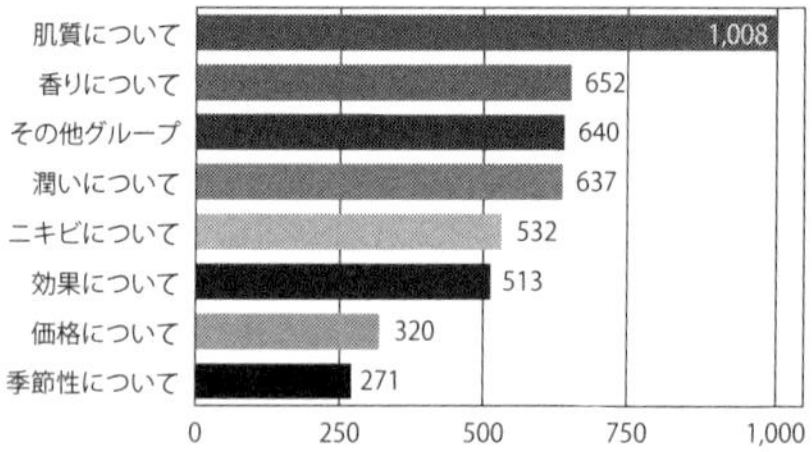

ID	オペレーターID	日付	問合せ内容
1	0001	2016/11/17	……
2	0002	2016/11/17	……

VOC：Voice of Customer

モチベーションの低下ポイントにおける問い合わせ内容を分析することで、難易度の高い問い合わせを把握

- 難易度の高い問い合わせを若手に振らない
- FAQを活用して顧客の自己解決を促進することで問い合わせ自体を削減する

また今後、オペレーターの日々のモチベーションをリアルタイムに取るとともに、オペレーターが入力する問い合わせ履歴（顧客の声＝ＶＯＣ）をオペレーターＩＤで紐づけてテキストマイニング分析することで、心理的な負担を感じている時間帯にどんな問い合わせを処理していたのかを知ることも可能となる（図表4－15）。

分析の結果、特にストレスを感じがちな分野の問い合わせはできる限りベテランのオペレーターが処理をする、お客さまが自己解決できるようにＦＡＱ（よくある問い合わせ集）を充実させるなどといった対応は、コールセンターにおける離職防止に特に有効と考える。

⑤年間離職率を25％改善し４０００万円のコストを削減した事例

企業が離職防止に頭を抱えているのは、離職がコストに直結するからだ。離職率を改善できれば間違いなくコストは大幅に削減できる。それを実現したのがＡ社だ。この会社では年間離職率を25％改善したことで、約４０００万円ものコスト削減に成功した。

その内訳を見てみよう。

Ａ社の社員数は約５００人。科学的人事に踏み切る前、Ａ社の離職者数は年間90人。離職率は18％に達していた。一人当たりの新規採用コストは80万円。試用期間が3カ月ある新入社員と離職者との営業利益の差が100万円だと仮定して、離職に伴うコストを算出すると、離職によってA社は年間1億6200万円を失っていたことになる。

しかし、離職者が年間68名に減り、25％の改善。離職率が18％から13・5％に低下し、離職に伴うコストを1億2240万円に抑えることができた。改善前と比べると差額は約4000万円だ。

離職によって失われるのは人材とコストだけではない。培われてきたスキルや技術、新入社員とのパフォーマンス差も会社から消えていく。一人でも離職者を減らし、人材育成に反映させていくために離職者の傾向を分析することはきわめて重要だ。

6 社員間コミュニケーションを促進する

①Know Whoの効用

人材を見える化する科学的人事戦略の大きな効用の一つが、社員間のコミュニケーションが促進されることだ。

業種や規模にもよるが、同じ会社でありながら他部署で働く社員についてはまったく情報を持ち合わせていないということは珍しくない。しかし、人材データを見える化し、テキストマイニングの技術を駆使すれば、どの部署にどのような業務の経験者やエキスパートがいるのかといった情報を検索できるKnow Whoが容易になる（図表4-16）。

まずKnow Whatについて具体例を紹介しよう。

コンサルティング会社や製造業などでは、部署ごとに専門性がまったく異なることが多い。自分が何かを知りたいと思ったときに、実は社内にその知見がある人、高度なノウハウを有する専門家がいながら存在を知り得ていないというのはよくあるケースだ。

一般に「ナレッジマネジメント」と呼ばれる「知」の共有にはKnow What型とKnow Who型がある。

Know Whatの仕組みが整っていると、キーワードで検索するだけで過去のレポートや提案書、報告書などを簡単に閲覧できる。「知」の共有が進む一方、自身のあずかり知らないところで成果が流用され、フィードバックすら得られなかったり、場合によっては大量の情報漏洩に繋がるリスクを伴う。

これに対して、Know Who型では、キーワードで検索すると関連する社員の名前と、プロ

図表4-16　社員の業務経験・専門性（自己申告）と現在の所属部署

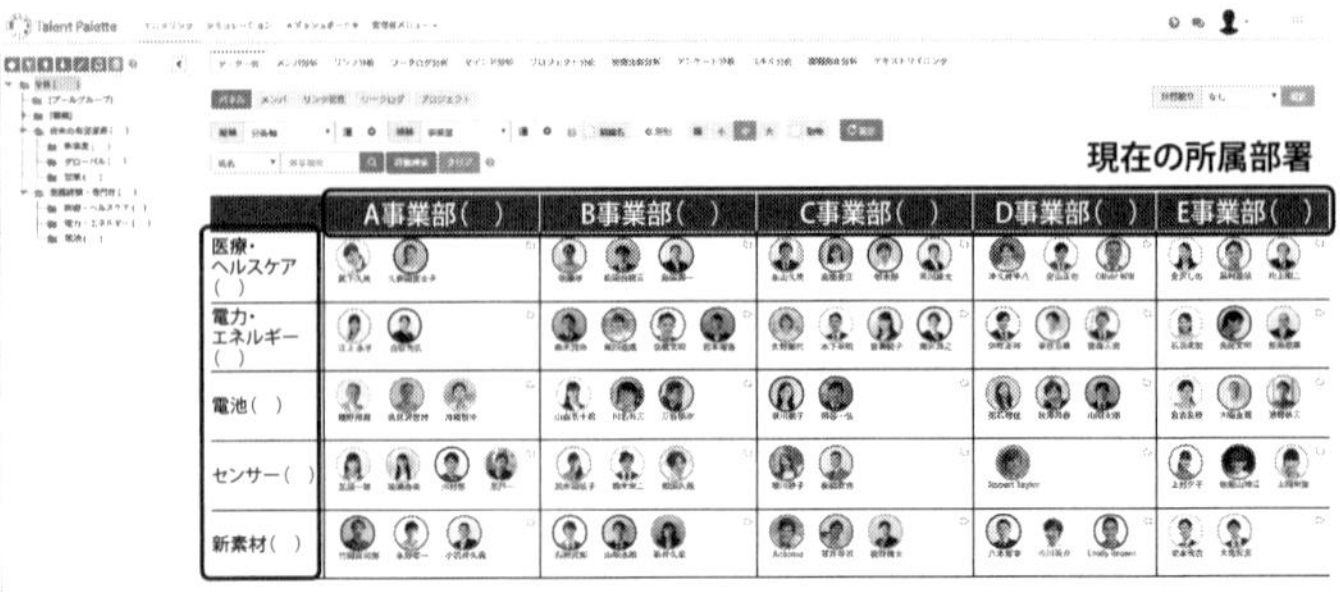

過去の業務経験・専門性（アンケートの自由記述の内容から、テキストマイニングを使って分類）

ジェクトや提案書・報告書のタイトルのみが表示される。「そうか、あの人が関わっていたか」ということがわかれば、社内で連絡を取り、話を聞きにいくことでコミュニケーションが誘発される。直接会うことで、そこから新たなアイデアやヒント、さらには新しい事業プランが生まれないとは限らず、問い合わせを受けた側にも、会社全体にとっても大きなメリットが生じる。Know Who の強みはそこにある。

②グループ会社の人材活用にも有効

ちなみに製造業の研究部門やコンサル会社などでは、それぞれがプロフェッショナルという自覚が強いためか、自分の専門でないことについて人に話を聞きに行くことにあまり抵抗がない傾向が見られる。社内の人に遠慮なく話を聞く、聞かれた方も率直に答える文化が根付いている。

だが、マーケティング部門や営業部門にはそうした文化があまり醸成されていないことが多い。他の部署に話を聞きに行きづらい。見えない壁を感じる。そんな雰囲気があることも少なくない。

だからこそKnow Whoの仕組みを使うことに意義がある。Know Whoを構築することはつまり、放っておけばコミュニケーションが生まれにくい土壌に、人と人がつながる種を蒔いているようなものなのである。

M＆Aが頻発している昨今、傘下におさめた会社にとんでもない知見が眠っていることも考えられる。

ある人材紹介会社では、全国規模で事業展開しているクライアント企業に対し、窓口となっている支社の営業社員だけでなく全国レベルで人材ニーズに応えるために、全国の営業社員と連係する必要があった。そこで、全国の営業社員間のお互いを知るための仕組みとして、Know Whoをシステム化している。Know Whoを活用して、ふだん行き来がない部署や会社との交流を推し進める企業が今後は増えていくかもしれない。

③オフタイムのコミュニケーションから活性化

Know Who によるコミュニケーションのきっかけは社員の仕事上の専門性だけにとどまらない。同じ趣味の社員を簡単に探すことができれば、別のきっかけからコミュニケーションが活性化していく可能性が生まれる。

社員アンケートの自由回答欄に趣味やオフタイムの過ごし方などを記入してもらい、テキストマイニングでセグメントをかければどうだろう。

あらかじめ選択肢を用意しておき、そこにチェックしてもらう方法もいいが、自由回答欄に書いてもらう方が、本音や実態により近くなる。そこに記入された文章をテキストマイニングで分析すれば、同好の士を発見するのもあっという間だ。

サッカー、釣り、映画鑑賞など、キーワードでセグメントすれば社員の顔が登場し、「廊下でよくすれ違うあの人は毎週末にサッカーをするほどのサッカー好きなのか」といったことが瞬時にわかれば、これまでになかった接点が生まれるきっかけになる。

こうしたコミュニケーションの活性策に関心を持つ企業は非常に多い。仕事でもオフでも社員間のコミュニケーションが活発である方が、結局は業務にも良い影響を与えるという認識が広がっているのである。

7

有効な経営指標

①組織の状態の定量化や指標化が可能

ここまで、ITを使った科学的人事による人材育成、最適配置、採用ミスマッチの防止、離職防止、コミュニケーションの活性化について述べてきたが、科学的人事は経営指標としてもきわめて重要であるということを改めてお伝えしたい。

どんな企業であっても、各部署の売上や利益といった数字を取るのは簡単だろう。そうした数字をベースに経営の指標となるKPIが設定されている。

ここに人材に関するデータが蓄積され活用されるとどうなるか。一人ひとりの人材データの集合体は組織としての貴重な情報になる。

部、課、プロジェクトなど組織の状況とその変遷をたどり、診断することもできる。KPIとして定量化、指標化することも可能だ。これは組織にとってかけがえのない財産といえる。

従来、プロジェクトチームを発足させようとすると、メンバーはほとんどが従来の業務との兼務なので、目標とそれに対するパフォーマンスについてはしっかり管理されてこなかったという現実がある。どんなスキルや業務経験を持つ人を組み合わせればいいのかも曖昧で、適当というと言い過ぎだが、ざっくりとした感覚でチーム編成されていたことが多かったのではないだろうか。成功すればラッキーという、半ばギャンブルのような感覚でプロジェクトを動かしている企業は少なくないと感じている。

だが、科学的人事において情報はすべて「人」に紐づけられている。あらゆる人材データが集約されていれば、ITを使って任意の単位で集計できるようになる。仮想的なチームを組んだときのパフォーマンスも想定しやすくなる。

つまり、組織状態の定量化や指標化が可能になるということだ。プロジェクトも科学的に編成し、回すことができる。科学的人事は有効な経営指標になるのである。

②女性の活躍や健康経営を推進する指標に

女性の活躍や健康経営といった、これからますます重要になっていくテーマを推進する際にも、科学的人事は有効に働く。

女性のスキルやモチベーション、評価などを踏まえた上でバランスの取れた配置や、採用時の志望動機、面談資料、適性検査の結果を踏まえて新規のプロジェクトや事業への抜擢も行いやすい。

企業が従業員の健康に配慮することによって、経営面においても大きな成果が期待できるという考え方に立ち、健康管理を経営的視点から考えて戦略的に実践することを「健康経営」と呼ぶが、これも人材データが見える化されていれば推進しやすい。

仕事に対して感じている楽しさやストレス、モチベーション、勤務時間や残業時間。これらのデータに加えて、ＩｏＴを使ってさらに社員の健康状態をモニタリングしていけば、よりリアルで実効性の高い健康経営が可能になる。

達成感と楽しさ、難易度と勤務時間を掛け合わせると、多少残業が多くても楽しさや達成感を高く維持している人とそうでない人とが見えてくる。これは著者の実体験だが、仕事が楽しいとずっと言い続けていた部下がある日突然、辞めたいと言ってくることもある。表面的な言動からはうかがいしれない社員の内面も、さまざまな要素を組み合わせて分析することで事前にわかったかもしれない。

後継者の育成も企業にとっては大きな課題となっている。自社におけるハイパフォーマーを正しく分析できていれば、後継者候補を見つけ、適切な育成プログラムを提供しやすいはずだ。

③経営層が見るべきダッシュボード

「ダッシュボード」は多様な情報源からデータを集約し、まとめて一覧表示する機能のことだ（図表4-17）。タレントパレットにも同様の機能があり、例えばある会社の役員は毎日必ず、ウェブの画面上に設けられたダッシュボードを見ている。

そこでは静的データだけでなく動的データもチェックできる。自分の事業部の社員の日々のやる気、働き方、モチベーションがどのように変化しているのか、上がっているのか落ちているのか、労働時間や業務負担なども常に確認できる。

こうした動的なデータは月に一度見ただけでは社員の変化に気づけない。最低でも週に1回は見ておきたい。この会社では、社員の残業時間が増えたり社員のモチベーションが低下したりするとすぐにアラートメールが届く仕掛けをとっている。忙しい経営陣であっても、すぐに変化に気づく仕掛けがあれば迅速に必要な手を打てる。テキストマイニングをかけて、社員のモチベーションの変化まで見える化できれば、人材マネジメントの大きな武器になる。

せっかくデータを収集し統合し、見える化を実現しても、それを必要な人にリアルタイムに届ける仕組みがなければ絵に描いた餅でしかない。科学的人事に必要なのは指標化して発信できる仕組みづくりだ。

図表4-17　経営層が見るべきダッシュボード

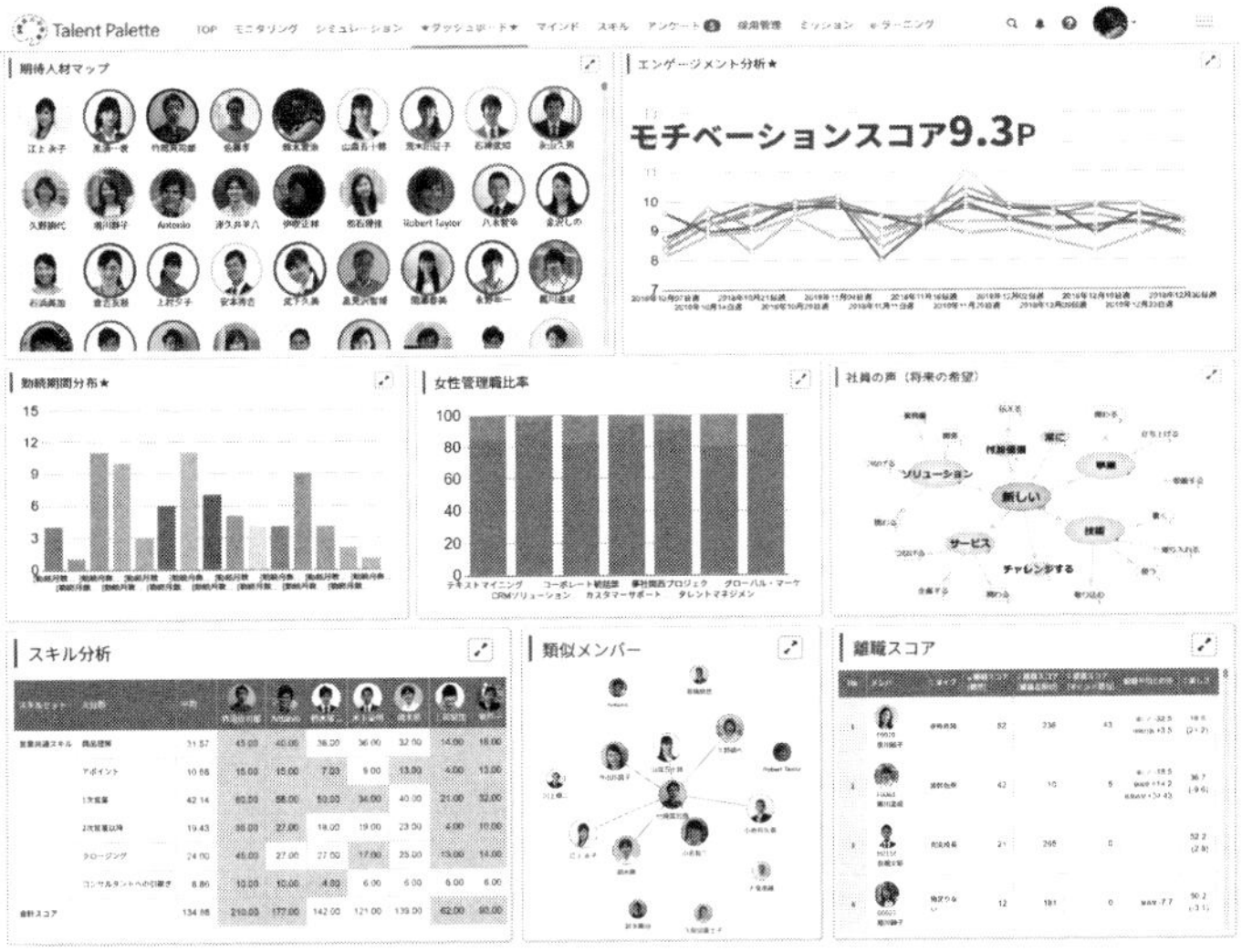

経営層であれば、離職スコアやスキル分布、女性管理職比率や労務状況といった指標をチェックできるダッシュボードを用意したい。その際、必ず一つの画面で確認できることが重要だ。縦横にスクロールしたり、次ページを見なければ確認できないものであれば長続きしない。画面を目にしたとき、即座に指標が目に飛び込んでくる仕組みが必須なのだ。

日々のダッシュボードの確認を怠らずに行えば離職予兆を早期に発見しやすく、迅速な対応策が打ちやすい。自社が抱える問題もつかみやすくなり、解決への動きも早くなる。ダッシュボードにあるのは、企業の要である人材の「いま」を見ていく上で有用な指標ばかり。企業の経営判断に科学的人事が果たす役割は限りなく大きいといえるだろう。

Column

社員のスキルアップもOneToOne（ワントゥーワン）

昨今、個別指導塾やダイエットの個別トレーニングなど、個々人の状況に合わせた学びの場が増えてきている。若者は、YouTubeなどの動画配信でもさまざまなテーマで学びのコンテンツが用意されているため、自分が上達したいテーマを自分の好きなタイミングで自由に学ぶことも自然になってきている。

さて、企業での人材育成はいかがだろうか？　いまだ新入社員やマネジャー昇格時の集合研修が一般的ではないか？　ＯＪＴの名のもとに、集合研修の先の改善がなされていない場合も多いようだ。

本来は、社員一人ひとりのスキルや経験は異なるため、その社員に最適な研修やトレーニングが、タイミングよく実施されるべきだろう。マーケティングの世界では、顧客の一人ひとりに合った商品やサービスを提案するための仕組み、OneToOneマーケティングは一般的だ。

OneToOneの肝は、個々の顧客の情報を可能な限り正確に取得、蓄積することである。同様に、社員のスキルアップのためのOneToOneも、まずは社員のスキルの現状を精度高く取得する必要がある。

スキルの定義や測定を、定期的な評価のためのチェックシート作成だけに使うのではもったいない。できるだけリアルタイムにスキルを測定し、足りないスキルを見つけ、タイミングよく適切な研修を受講できるようにつなげていくことが重要である。

また、一方で、研修のコンテンツについても、ある程度の細かさも必要だろう。理想的には、スキルの単位と研修コンテンツの単位が同レベルで紐づくものが好ましい。eラーニングはそういったコンテンツに適している。スキルの定義や構築には、測定方法、スキル向上させる研修も同時に検討し、一体となるようにすべきだろう。

子供の教育では、頻繁にテストして勉強の成果を測定し、必要であれば家庭教師をつけてでも個別に育成をしている。「企業は人」と言うのであれば、その人材の育成も、昔ながらの集合研修だけでなく、OneToOneにシフトすべきだろう。

第5章

科学的人事を成功させる秘訣

科学的人事戦略の5つのステップ

科学的人事戦略を成功に導くためには、手順を踏んで段階的に進める必要がある。これまで属人的人事しか行っていなかった企業にはハードルが高いように思えるかもしれないが、ステップを踏んで進めていけば決して難しいことではない。

ただし、各ステップの中身は均一ではない。置かれた状況、掲げる目標、企業文化や価値観、ビジョンが各社各様なのだから、自社に合ったステップを登っていくのがベストだ。

進め方としてはいきなり全社にあらゆる情報を提供していくのではなく、「その情報を何に使うのか」という目的を明確にした上で必要な情報項目を固め、そこから利用範囲を広げていこう。それが成功へと至る何よりの近道だ。

さて、成功までのステップは以下の5つに分かれる。

〈ステップ1〉情報を統合して見える化
〈ステップ2〉情報の活用
〈ステップ3〉利用者の拡大

〈ステップ4〉動的データの収集
〈ステップ5〉高い成果を出すためのリアルタイムフィードバック

以下、順を追って説明しよう。

社員の情報と組織の情報を統合し可視化する

〈ステップ1〉情報を統合して見える化

ステップ1は、社員の情報と組織の情報を統合し、見える化する段階だ。ここでは必ず目的に合致した情報の収集を徹底したい。

科学的人事を採り入れる目的は企業によってさまざまだ。もっとも多いのは、人材の最適配置による組織のパフォーマンス向上、そして採用のミスマッチを軽減したいという目的だが、社員が増えてきた中で、人材を効果的に活用したい、離職を防ぎたい、計画的な人材育成の仕組みを作りたい、CS（顧客満足）向上に向けES（社員満足度）の向上を目指したい、戦略的に次世代人材を育成したいといった目的を掲げる企業も多く、多岐にわたっている。それぞれの目的に合った情報を集め、社員の見える化を進めていくのが原則だ。

これまで属人的な人事管理しかできていない場合、社員情報や勤怠情報、残業時間や業務日報といった情報しか揃っていないケースがほとんどと考えた方がいいだろう。社員のマインドやエンゲージメントに関するデータ、モチベーションを測るデータなど、動的データについては期待できず、そのようなデータが必要だという発想すらなかったという企業が大半だろう。

しかし、社員情報や勤怠情報だけでは人事にマーケティング視点を採り入れていくことは不可能だ。どうデータを活用しても課題解決の道筋は見えてこない。社員の考え方や価値観、適性、スキル、知識や経験、得意分野など、目的に応じて必要な情報の収集につとめよう。

なお、いきなり全社的に動くのではなく、例えば人事部門の中だけから試行的にスタートしても構わない。科学的人事のステップを進めていく上で重要なのは小さな成功体験を積み重ねていくことだ。それが後の全社的な展開にプラスに働く。

情報の活用を始めよう

〈ステップ2〉情報の活用

ここからいよいよ情報の活用がスタートする。

組織改正の時期に最適配置のために活用を始める企業もあれば、採用の時期から活用を始める企業、社員満足度調査を実施する時期からスタートするという企業もある。

いずれにしても重要なのは、まず情報の活用を始めることだ。実際に情報を活用していくと必ず足りないデータが見つかってくる。そこでまた情報項目をさらに増やし、分析の精度を高めていくのである。

例えば最適配置のために人材データを活用するとしよう。第4章でも述べたように、ここで必要になるのは社員情報やスキル、適性、評価といったデータである。

だが、いざデータを活用しようという段になると、足りないデータが見えてくるはずだ。あった方が精度が上がるというデータが浮き彫りになったら、〈ステップ1〉に戻って必要な情報を補填し統合しよう。さらに情報の網羅性を上げていくのである。

このように、〈ステップ1〉と〈ステップ2〉は行ったり来たりを繰り返すことが多い。一度で情報収集が済むケースはまれだと考えた方がいい。「統合し見える化」した上で「活用」し、その結果を受けてより適切に「統合し見える化」し……と繰り返すことで、情報の網羅性と質を高めていきたい。

ポイントは、トライアンドエラーの発想で、とにもかくにも「活用してみる」こと。このサイクルをぐるぐると回すことが全体としては非常に重要なプロセスになる。

なお、〈ステップ1〉と〈ステップ2〉は、経営企画や人事部門、経営層が社員の情報を把握するのを目的に考えられる傾向が強いが、科学的人事は経営層や人事部門だけがハッピーになる仕組みであってはいけない。現場のマネジメント、そして最終的には社員一人ひとりにもメリットがあるような形に持っていき、それを示していくことが重要であり、それこそが成功するための秘訣である。

マネジメント層が部下を理解するための情報を開示する

〈ステップ3〉利用者の拡大

〈ステップ3〉は、日々メンバーを直接マネジメントする上で必要な情報をマネジャーに提供し、現場での活用を進める段階だ。〈ステップ2〉までで経営層や人事部門で精度を上げた人材情報を、この〈ステップ3〉では現場マネジャーまでに活用範囲を拡大する。

現場のメンバーのモチベーションはマネジャーの力量に大きく左右される。その認識をマネジャー層に明確に持たせ、現場で社員のパフォーマンスを上げていくためにITを使ってマネジャーの能力発揮を支援する体制を作るのが〈ステップ3〉だ。

マネジャーの場合には社員の属性についてある程度理解しているはずだが、プレイングマネジャーの場合には忙しく、メンバーの細かなことまでなかなか気づくのが難しい。そんなふだんは気づきにくいことをＩＴでフォローするのである。

「ふだん気づきにくいこと」といっても、特段難しく考える必要はない。社員の仕事に対する考え方や、将来の希望やその理由などを尋ねる社員アンケートを実施し、その結果を関係者で共有するのだ。

たとえシンプルなものでも社員アンケートの結果をしっかりと活用するだけで、マネジメント層への支援体制はずいぶんと強化される。ここに勤怠のデータを取り込めば労務分析も可能になる。部下の業務負荷の状況についてもしっかりと把握できるようになるはずだ。部下にとっても、「見てもらえている」とわかることは安心感やモチベーション向上につながる。

社内啓蒙や社内周知を図るとすれば、この段階で行おう。

これまでの導入事例を見ると、人事戦略を見直し科学的人事を導入しようとすると往々にして、「それをやったからといって果たして売上が上がるのか」「収益アップにつながるのか」といった質問が社内から出ることもある。

人材を見える化したからといってすぐに売上アップ、収益改善につながるわけではない。効果が出るまでには時間がかかる。だから、そうした疑問が生まれること自体は当然といえば当然かもしれない。

ときには「人材に関するデータを見える化するのは本当に良いことなのか」「意味はあるのか」という疑問が噴出することもある。科学的人事戦略を進めること自体には反対しないが、手間がかかることは避けたいという「総論賛成、各論反対」を防ぐためには、科学的人事のメリットを正しく認識してもらうしかない。

そのためにも小さな成功体験を地道に作り、それを発信、共有していくことだ。成果が重なれば、人材データを見える化し科学的人事戦略を推進することのメリットを早い段階で納得してもらうことができる。

採用強化につながり、最適な人材配置も可能になり、人材の効果的な育成も図れること、離職防止も期待できること、そして人材のパフォーマンス向上を促すこと。そうした科学的人事戦略がもたらすメリットの理解を図るためには一にも二にも実績である。

動的データで社員のモチベーションを探り、戦略実行へ

〈ステップ4〉動的データの収集

〈ステップ3〉でマネジメント層が部下を理解するための情報開示の段階を踏んだら、〈ステップ4〉では社員のモチベーションを把握する。

仕事に楽しさを感じているか、ストレスはどれくらいか。そうしたモチベーションに関する動的データを収集すれば、リアルタイムで社員の働き方が見えてくる。それが人事異動や抜擢がうまくいったか否かの検証にもつながっていく。

マネジメント層がメンバーのモチベーションの変化に気づかないままだと、いつのまにか部下が疲弊していき、ある日突然、「辞めます」と言ってくることになる。こうしたケースに心当たりがある方は多いのではないか。マネジメント層であれば誰でも避けたい事態を回避するためには、科学的に部下の変化に気づくことのできる仕組みが必要だ。その実現に近づくことが〈ステップ4〉の目的である。

肝心のモチベーションのデータはどのように取ればいいのか。

方法はいくつかあるが、例えば、勤務時間の最後に「仕事は楽しいですか」という問いにスマホなどで回答してもらう方法がある。海外の空港のトイレには、使用後に「トイレの満足レベル」を5段階で採点するタッチ型システムを導入しているところが多い。あれと同じ仕組みだ。

画面をタッチするだけで自分の現在の気持ちを入力できるので、時間は2秒もかからない。勤怠データはほとんどの会社が導入し、社員に入力してもらっているのでそこにボタンをプラスするだけでいい。現場への負荷はほとんどかからず、社員のモチベーションを測るにはそれなりの効果がある仕組みである。

頻度は毎日入力してもらってもいいし、週に1回、月に1回の入力でも構わない。目的に合わせて考えたい。小売や飲食、サービス業ではスタッフのモチベーションの変化が激しく、離職率の高さが問題になっている会社も多いので、スマホを使って毎日実施している会社が多いようだ。

この〈ステップ4〉がうまく進めば、部下のモチベーションが低下したときにアラートメールが届くようにしたり、あるいは業務負荷を見ながらメンバーの配置を考えるといった施策も可能になる。このような施策が、ひいては会社の業績や収益アップにつながっていくのである。

戦略実行を高速回転させる

〈ステップ5〉高い成果を出すためのリアルタイムフィードバック

最後のステップでは、現場のコミュニケーションのリアルタイム性を高め、組織の軌道修正に結びつけ、戦略実行を高速回転させていく。人事部門と経営層とマネジメント層がそれぞれの役割を果たしながらコミュニケーションを密に取り、戦略をスピーディーに進めるステップだ。

一般に日本の人事制度は半年に一回人事評価を下し、上司と部下で面談をするパターンが大半を占める。しかし、競争がますます激しくなる市場環境にあって、半年に一回のフィードバックで果たして事業スピードに追いつくだろうか。

答えは否だ。半年前に立てた目標があっという間に陳腐化し、意味がなくなり、転換せざるを得なくなる。そうした事態は日常茶飯事といっていい。変化の激しい環境の中で成果を出し、高い目標を達成していくためには、迅速な軌道修正が必要だ。

人事もしかり。情報をお互いに見ながらリアルタイムに成果の確認とフィードバックを行って、軌道修正をこまめに実施することが組織としての目標の達成につながり、変化に強い企業体質を作っていくのである。

目的から逆算してデータを作る・集める

〈ステップ1〉でも強調したが、科学的人事を成功させるには、「目的ありき」で必要なデータを考えることが大切だ。

科学的人事を導入する目的は何なのかを定義し、その上でいまあるデータで使えるものは使い、目的達成のために必要なデータを新たに収集する。課題を解決するために必要な情報を収集・整備することが重要なのであって、情報を集めること自体が目的になってはいけない。

一方で、これもありがちなのは「とりあえず、いまあるデータだけで推し進める」というパターンだ。これはほぼ失敗するケースである。

例えば、離職防止を目的としているとき、社員の基本情報と経歴のデータだけで離職の予兆を捉えることはできるだろうか？　それが難しいということは、容易に想像がつくだろう。社員の年齢や経歴、勤続期間、業務経験、人事評価といった静的データがわかったところで、その人がいまどういうコンディションにあるのか、何を考えているのかを表す動的データがなければ、離職防止につなげようがない。動的データがなければ離職防止のアクションにはつながらないことを共通認識として、必要なデータを揃えていくべきである。

また、既存のデータだけでやみくもに仕組みを作り始めると、手間がかかるわりに活用するイメージは一向に湧かず、「いったいこれは何のためにやっているのか？」という事態に陥りがちだ。手段だけが先行して目的が追いついていないと、人は作業に溺れ、しまいには何をやっているのか、何のためにやっているのかがわからなくなってくる。

そういった失敗をおかさないためにも、やりたいことから逆算して情報を整備しよう。目的をクリアに見据えた取り組みが肝要だ。

収集するデータに優先順位をつける

その一方で矛盾するようだが、いきなり100%完璧なデータを揃えようとは考えないことである。

このデータがもっとほしい、あのデータがなければ説得力がないと言っていては、いつまでたっても活用のステップに移行できなくなってしまう。また、データを集めるために社内の協力が必須だが、理想論だけを追い求めていくと現場の負荷が高くなりすぎる恐れがある。「ただでさえ忙しいのに無理な作業を押し付けられた」という現場からの不満が高じて、結果、協力を得られず頓挫する、というケースもなくはないのである。

だからこそ重要なのは、収集するデータに優先順位をつけておくことだ。目的を達成するためにはどの情報が不可欠なのか、どの情報だったら後回しでもいいのか、集めやすさの難易度も含めて優先すべきデータに順位をつけていくことをおすすめする（図表5-1）。

例えば「採用強化、および社員の育成と最適配置」を科学的人事導入で解決したいテーマとするのであれば、次に達成すべき目的の優先度を決める。それは採用強化なのか、社員の

●：必須　▲：あると良い

下：データの有無（対応方法）				
自己申告書（やりたいこと・期待）	志望動機	面談メモ	ワークログ（勤怠）	モチベーション
あり（Web化）	あり（csvで取り込み／採用管理機能を使用）	あり（csvで取り込み）	あり（勤怠システムから取り込み）	なし（新たに収集）
●	▲	●	●	▲
●	▲	●		▲
●			●	●
●	●	●		▲
●	●			

育成なのか最適配置なのか。目的の優先度が決まれば、活用すべきデータの優先度もおのずと決まってくる（図表5－2）。

もし最優先課題が「最適配置」なのであれば、絶対不可欠なのが人事評価、成果、スキルといったデータである。これらのデータであれば比較的収集しやすいのではないだろうか。

そこに適性検査（ＴＰＩ）の結果や多面評価（３６０度評価）、モチベーションのデータが加わればもっと良い。より「最適配置」という目的を達成しやすくなる。ただし、必要度としては「あればベター」程度。

図表5-1　若手人材に関するデータ活用

優先度	若手人材の活躍促進に向けた科学的人事の導入目的	上：活用すべきデータ／		
		経歴	スキル	適性
		あり（csvで取り込み）	あり（要DB化）	なし（TPIで収集）
1	若手人材の育成（育成計画の立案）	●	●	▲
2	若手人材の抜擢・配置	●	●	●
3	若手人材の離職防止（モチベーションの把握）			●
4	若手人材の期待・希望の把握			
5	活躍人材の把握（採用ミスマッチ防止への活用）		● 特に中途採用時	● 特に新卒採用時

入手できれば精度は上がるが、なかったとしても、とりあえず目的に向かって進め始めることはできる。

優先順位を検討し、目的に向かって最低限必要なデータがすでに揃っているのであれば、まずはそこからスタートしたい。「このデータでこんなことがわかるのか」という小さな成功体験を積み上げていくことが重要だ。

若手人材の育成や配置、抜擢、モチベーションの把握や離職防止、希望業務の把握を目的に科学的人事に着手したとすれば、自己申告書や志望動機、面談メモ、経歴、ワークログは必須だが、スキルや適性、モチ

図表5−2　失敗しないための進め方：
目的・ゴールから逆算してデータを収集する

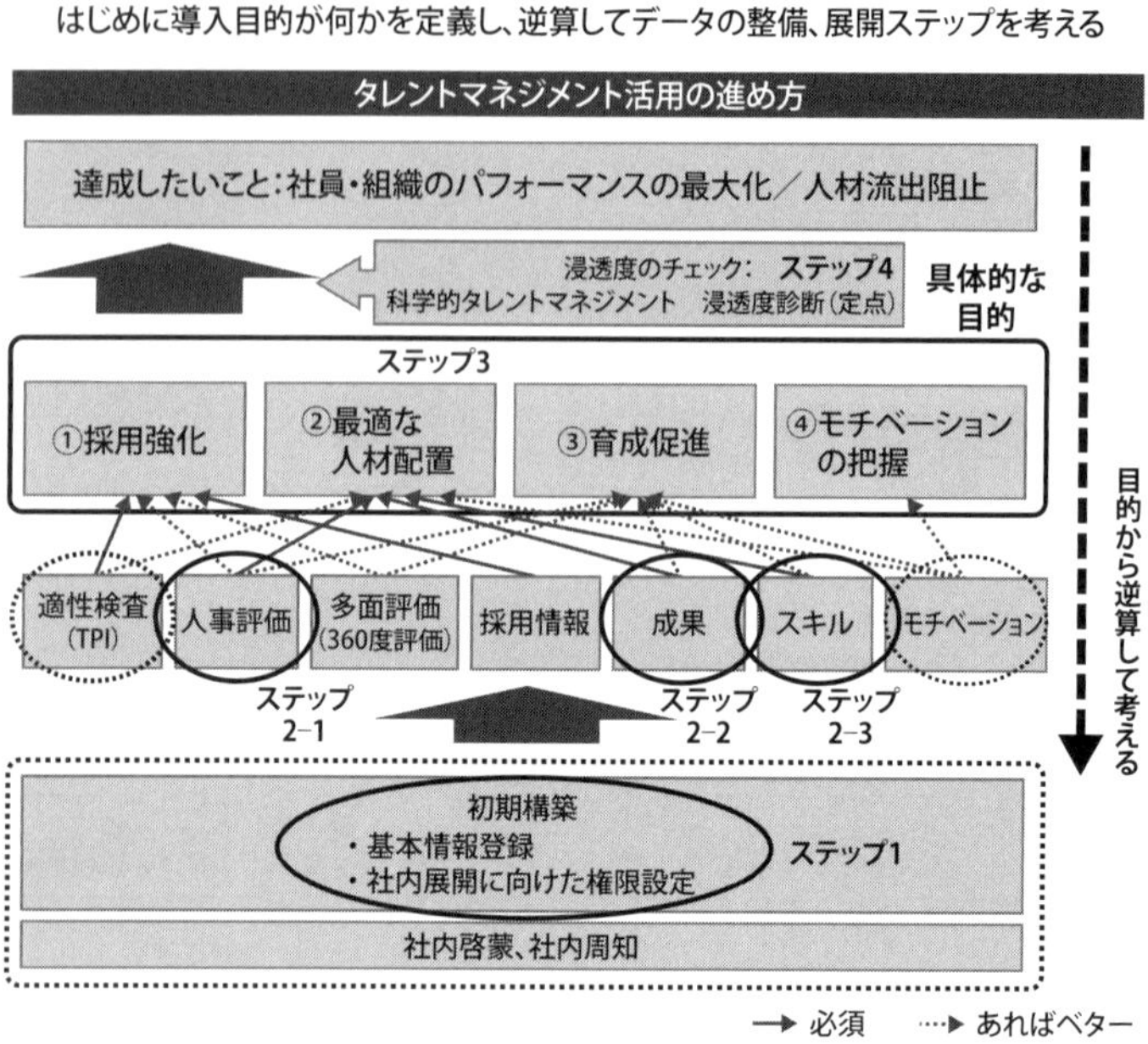

ベーションは後回しでも構わない。なぜなら、そうしたデータはいまから準備してすぐに揃うといった類のデータではないからだ。収集の難易度が高いデータに関してはおいおい揃えていけばよい。目的に対し必要なデータのうち、優先度が高く、収集しやすいものから準備しよう。

会社によっては、全社員の顔写真を見える化しただけで大きく前進したイメージを持たれるケースもある。頭ではわかっているつもりでも、経営層は意外に社員を明確には認識できていないことが多い。実際に社員の顔がすべて見える、さらには顔写真をクリックするだけで社歴、部署の変遷、役職、具体的なスキル、受けた研修まで可視化できることを体験すると感動を覚え、科学的人材戦略に対して非常に前向きになれる。

社員の見える化は、データの種類が多くなればなるほどExcelでは不可能だ。頭の中で社員情報を整理しようとしても限界がある。ましてやデータを掛け合わせることなどはまったく手に負えない。見える化することで初めて、科学的人事のメリットがリアリティーを持って受け止められるのである。

こうした小さな成功体験から「だったら、もうちょっとこういうデータも見たいよね」という提案が出てきたら、好循環の始まりだ。その流れが科学的人事戦略を軌道に乗せていく。

あらゆる人材情報をつかさどる人事部門

人事にマーケティングの視点を採り入れるとたちまち、社内に眠っていた情報が、現場や経営層にとって非常に価値がある情報に変わる。いや、もともと価値がありながらもほとんど気づかれることがなかった情報が、真価を発揮し始めるといった方が正解かもしれない。

価値があるとみなされれば、その価値ある情報を扱う人たちのミッションも変わっていく。

将来的に人事部門はこれまでのような「中央集権的に人事情報を管理する仕事」から大きく変化していくと見ている。

中央集権的な情報管理系の人事部門で行っているのは、給与計算や人事の発動、採用などだ。データについては依頼があれば加工するだけ。しかも、時間がかかったあげく満足なデータが得られないこともある。こういうデータがほしいと言われても「揃えていません」で終わり、自発的にデータを活用することもないといった状況では、データを活かした人材活用など遠くおよばない。

しかし、人材活用に必要な情報が人事部門にあり、その情報に価値があるとわかれば、人事部門は「人事戦略を考える上で必須な情報を提供する部署」に変わっていく。いや、変わるべきなのだ。

人事部門は経営が科学的な人事戦略の意思決定をする上で必要なエビデンスを提供する部署であり、いってみれば人事に関する「情報活用推進部隊」であるべきだ。「依頼がきてようやくデータを作成する」のではなく、依頼すればすぐに情報が出てくる。むしろ、自ら必要な情報を取りにいき揃えておく。そうした体制が整っていくのが理想的だ。

人事部門が次のステップとして目指すべきは全社レベルで人材活用を支援していく組織である。経営層だけではなく、現場のマネジメントや社員自身の自己成長、キャリア構築をデータ活用の観点から支援できる部隊だ。
管理系人事から戦略的人事、そして科学的人事へ。こうした段階を踏んで、人事はあらゆる人材情報をつかさどる組織へと変わっていくことが求められる。

科学的な取り組みで組織を進化させたコールセンターの事例

「データ活用」というマーケティング視点を導入することで組織は確実に変わっていく。筆者はこれと同じ組織の変遷をマーケティングの分野で目の当たりにしたことがある。データの活用により鮮やかな変身を遂げたコールセンターの事例だ。

コールセンターは「お客様相談室」とも呼ばれているが、以前は単なる苦情処理の部署に過ぎなかった。商品が壊れた、使い方がわからない、子供がケガをした。さまざまな苦情が寄せられる部署だった。それがかつてのコールセンターの姿だ。

しかし、蓄積されたクレームや質問をつぶさに見ていくと、コールセンターが宝の山であることが判明する。きっかけはITの登場だ。テキストマイニングのようなIT技術を使うことでコールセンターに集まるお客さまの「声」が事業に戦略的に活用されるようになった。

競争の激化という環境変化もITの活用を後押しした。企業間の競争が激しくなったことで、生き残りをかけて商品やサービス品質の差別化が必須となった。といっても、企業目線による差別化ではない。顧客を理解することで差別化を実現するという流れだ。

そのときに同社が着目したのがまさにコールセンターだった。コールセンターに届く大量の顧客の声は、具体的な商品やサービスの向上・改善・改良・企画につながるヒントの宝庫。クレームだけでなく、顧客から寄せられる素朴な質問・疑問もある。価値ある情報が大量に眠っている。

例えば、「どうしてこの商品を購入されましたか」という回答を分析し、顧客を購買に導いた理由を探れば、キャッチコピーに応用できる。クレームを分析すれば商品の改良や開発にも役立てられる。クレームがヒット商品を生み出した例はいくらでもある。

クレーム情報に価値があることが明らかになったことで、同社のコールセンターはCS（顧客満足）を推進する部署としてCS推進部と名称が変わり、その存在は脚光を浴びた。もう単なる苦情処理の部署ではない。顧客満足を実現するための情報分析、活用を進める部門になったのである。

10年ほど前からは、CS推進部はさらにVOC推進部へとシフトしている。VOCとは、Voice Of Customerの略。企業を取り巻くすべての声を扱う部門ということである。

時代は変わり、いまやマーケティングで参考にすべきはコールセンターに寄せられた声だけではない。企業はツイッターやフェイスブック、インスタグラムといったSNSに投稿される声にも耳を傾けなければならなくなった。SNSへの対応は顧客満足や商品開発に反映させるだけでなく、炎上防止という意味合いもある。もうどんな企業もSNSとは無縁ではいられない。

以前であればこうしたSNS対策はマーケティング部門の業務だったが、いまでは顧客の声という声をすべて分析し、各事業部にリアルタイムにフィードバックする部署が必要となった。この業務を担い、推進しているのがテキストマイニングの技術を使って膨大な顧客の声の見える化を図ってきたVOC推進部だ。情報の価値が変わったことで、コールセンターがみるみる科学的な組織へと変貌を遂げていったわけだ。

このようにコールセンターの役割は以前とは大きく変化し、特にこの10年の進化の度合いは著しい。ただし、コールセンターは顧客の声を活用しているが、そこに集まる声の1件1件に対処しているだけではない。大事なのは「こういうクレームが寄せられたが、結局、その本質はこういうことだ」と考え、噛み砕いていくことだ。そうでなければ「クレームの原因を引き起こした当事者を探せ」的な発想に陥ってしまう。

進化したコールセンター部門がやるべきことは犯人探しではない。企業を取り巻くすべての声を活用し、商品やサービスの向上、改善、企画につなげていくことだ。そのとき求められるのは「情報をどう見るのか」という使い方の開発であり、それが可能な仕組みである。

経営と現場とをつなぐハブ役に

コールセンターがそうであったように、いま人事部門に対する認識も変わりつつある。

現在の人事部門の多くは情報を管理する部門に過ぎないが、会社の生き残りをかけて人材をより効果的に活用したいのであれば、いまそこにある、実は非常に価値のある情報を活用した方がいい。そんな認識が着実に広まっている。

人材データの活用が進み、成功体験が積み重なれば、人事部門は企業内のあらゆる人たちを支援するために、さらに情報を集めて活用する推進役として機能していくはずだ（図表5－3）。最終的に人事部門は、全社的な人材配置、離職防止、採用までを横串にしながら情報をマネジメントする部門としての役割を果たしていくと考えられる。

人事部門は、戦略的な人材情報活用に向けて経営と現場とをつなぐハブ役と考えるとわかりやすいかもしれない。全社共通の土俵の上で議論できる人材情報の基盤を整備し、より経営戦略の立案に役立つ人材情報の提供を行い、現場のマネジメントを支援するための情報を提供していく部署となることが望ましい。

図表5-3　科学的人事に向けた人材情報活用のための体制例

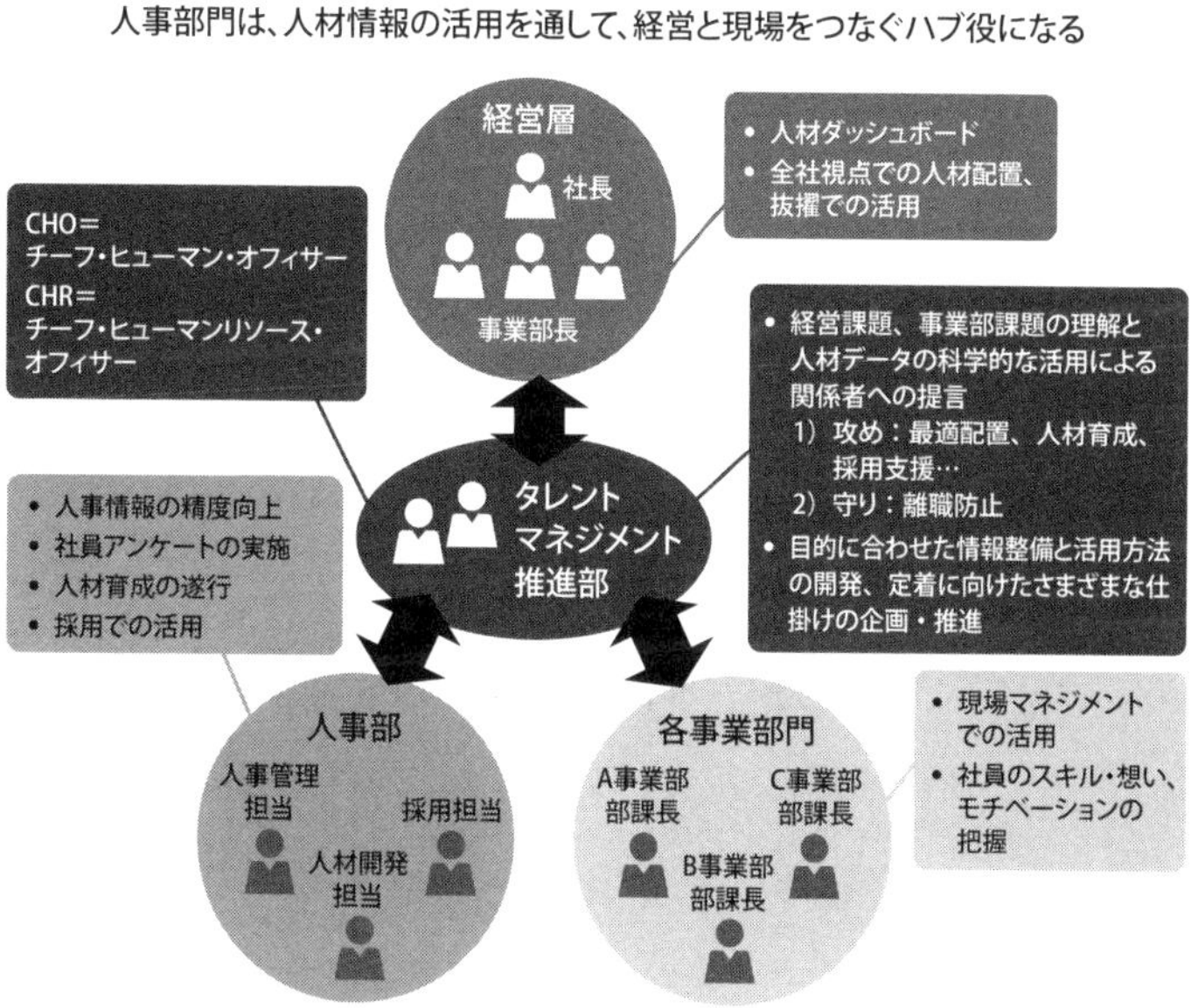

情報基盤が整備されると人事部門、経営層、事業部やマネジメント層がそれぞれ効果的に情報を活用することが可能となる。人事部門は情報の一元化につとめ、定量的なデータを提示し、人材の有効活用を図り、採用力を強化していく。一方、経営層は提供された情報をもとに戦略的人材配置や組織開発を行い、部長や幹部の育成、組織状態の把握につとめる。

そして、事業部やマネジメント層は、現場のマネジメントにおいて、社員のモチベーションを把握し、社員の声の理解につとめ、キャリアアップを支援しながら、事業の目標達成を目指していく。

このように、人事部門、経営層、事業部やマネジメント層のそれぞれが有機的に人材データを活用していくのが理想である。

人事部の名称変更は社員や顧客に対するメッセージ

現実はすでに動き始めている。

大手ファッション通販サイト・ゾゾタウンを運営する株式会社ＺＯＺＯは、人事部の名称を「人自部」に変更している。「事」を「自」としたのは、自分ごととして社員のことを考えていくという企業としての意思表明だ。クレジットカード会社大手の株式会社クレディセゾンは戦略人事部を置いている。人事を戦略として扱っているわけだ。

人事が持つ情報の価値に目覚め、人事部からタレントマネジメント推進部といった名称に変更する会社も出現している。

ここでのタレントマネジメント推進部の役割は、経営課題や事業課題を理解した上で、人材データを科学的に活用して、関係者に提言することにある。まさにコールセンターが10年ほど前から担ってきた役割だ。おそらく今後はこのような部署がどんどん生まれていくだろう。

ことは名称変更の問題にとどまらない。名前が変わればモチベーションが変わる。何を見据えて仕事をするかによって人の思考は変わっていく。人事部の名称変更は社員や顧客に対する企業の明確なメッセージであり、それはそのまま企業のミッションの再定義と言い換えられる。

経営の最高責任者であるCEO、情報を扱う最高責任者であるCIO、マーケティングの最高責任者であるCMOという役職を設ける企業は当たり前になってきているが将来的には、ヒューマンリソースに携わる部署にも同等の役職、CHO（チーフ・ヒューマン・オフィサー）やCHR（チーフ・ヒューマンリソース・オフィサー）のようなポジションが設けられていくのではないだろうか。人材の戦略的な活用は、商品開発やマーケティングと同じレベルでもっとも重要な経営テーマとして据えられるべきだ。

攻めと守り、2つの機能を果たす人事戦略

人事戦略には攻めと守りの2つがある。最適配置や人材育成、採用支援が攻めだとすれば、離職防止は守り。この2つを同時に推進するためには情報の整備と活用の両輪が必要だ。

よく社員アンケートを取っても回答率が低い、おざなりの回答しか得られないといった声を聞くが、それは「このデータは次のような意思決定に使われます」といったしっかりした説明が不足しているからでもある。

さらに、情報を扱うときの武器となるＩＴの活用方法を啓蒙していくのもこれからの人事部門が担うべき役割の一つだ。収集した人材データを自社の文化に合わせてどのように活かしていくかといった活用方法の開発も同時に進めていかなければならない。

ここで、情報の整備と活用の両輪を推し進めている先進的な事例を紹介しよう。

社員数２０００名。電子部品やシステム構築を手がけるＩＴ企業Ａ社は、科学的な人材活用を推進する組織体制を実現し、全社的な人材情報の活用を進めている。

Ａ社では、全社的な人材情報の活用を担当する部門としてタレントマネジメント推進部を設置している。このタレントマネジメント推進部の役割は、経営課題や各事業部の課題を理解した上で、人材データを科学的に活用して、関係者に提言することだ。攻めの戦略目標に合わせて情報整備や活用方法を開発し、その定着に向けた仕掛けも企画・推進している。科学的人事戦略の核として機能している部門だ。

タレントマネジメント推進部とは別に、以前からある人事部は人材育成担当と人事管理担当、採用担当に分かれ、人事情報の精度の向上や社員アンケートの実施、人材育成の遂行を担っている。

注目すべきは、各事業部にも人材活用推進担当者が置かれていることだろう。ここでは事業部固有の課題に合わせて現場のマネジャーの情報活用を支援し、仮説検証を繰り返すことで課題の解決を図っている。各事業部に担当者がいるのでタレントマネジメント推進部との協力態勢が取りやすい。現場からの情報も収集しやすく、フィードバックもスムーズだ。一方、経営層や管理職層は、人材ダッシュボードを通じて（第4章198ページ参照）、定量的な分析結果をモニタリングし全社視点での人材配置や抜擢を行っている。

経営・人事・事業部の三角形の中心にハブとしてタレントマネジメント推進部が据えられているため、必要なデータを揃えやすく、科学的な人事戦略に関する啓蒙活動も行いやすい。事業部やその下の現場、あるいはまたマネジメント層の課題も理解しやすくなる。

全社的な人事戦略を展開していくためには、こうした思い切った組織改革も有効だ。

科学的人事戦略のノウハウ蓄積は企業価値そのもの

さて、最後に科学的人事を成功させるための決め手についてまとめてみたい。

図表5-4　継続的に精度を高め、進化させていく

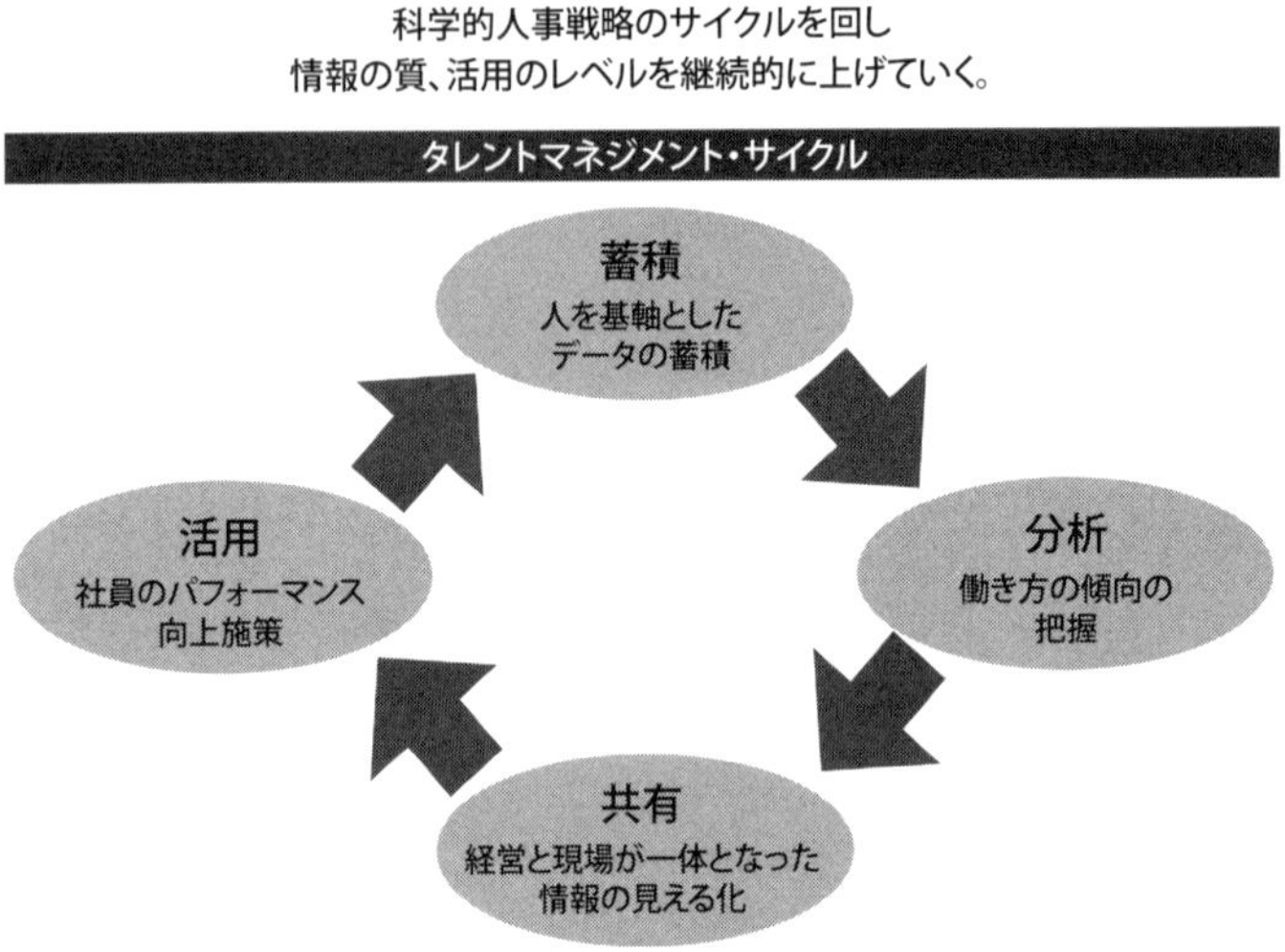

まずは目的ありきでデータを考えることだ。実現したい姿、解決したい課題から逆算して、必要な情報を収集・整備する手順が重要であり、この逆では成功は望めない。

目的から必要なデータを逆算したら、今度は発想を転換してほしい。情報を管理するのではなく情報を活用するという転換だ。

情報活用の精度を上げるための唯一の方法は、仮説検証と試行錯誤を繰り返すＰＤＣＡサイクルにある。実施した施策のフィードバックを蓄積するプラットフォームがあるかないか。これが成否の分かれ目だ。

ぜひとも人を基軸としてデータの蓄積

を進め、働き方の傾向を分析し、社員のパフォーマンス向上へと結びつけよう。蓄積―分析―共有―活用のサイクルが、情報の質、活用のレベルを継続的に上げていくのである（図表5―4）。

人材の活用は経営課題であり、企業の最重要課題だ。いまや科学的人事が企業の競争力を左右している。従来型の人事管理の発想ではもう生き残れない。

ＩＴを活用した科学的な人材活用に取り組み、その成功事例を重ねていくことは企業の生存手段といっても過言ではない。科学的な人事戦略の蓄積は企業価値そのものである。

おわりに

日々仕事をしていく上でＩＴの活用はもはや当たり前となった。クラウドが普及し、ＡＩが台頭し、ＩｏＴも飛躍的な発展を遂げている。

にもかかわらず、ＩＴ化の蚊帳の外に置かれている人事部は多い。マーケティング部門をはじめ、他の部署ではＩＴを活用しデータを分析しているのに、社員をつかさどる人事部ではＰＣは使っていても真の意味でのＩＴ化は果たしていない。そんな人事部が大半だ。

さて、あなたの会社の人事部はいかがだろうか。

マーケティングの視点を採り入れ、人材情報を活用し、社員を見える化できているだろうか。マインドやモチベーションといったエモーショナルな要素にまで踏み込んでデータを収集しているだろうか。本書を読んで、自社の人事部のレベルはどれぐらいの位置にあるのか、確認できただろうか。

科学的人事にはほど遠い。マーケティング視点はつゆほどもない。人事情報が統合されておらず、単に社員情報を管理しているに過ぎない。採用にも配置にも離職防止にもまったく活かされていない。

もしそうであっても心配はいらない。自社がどれだけ科学的人事とかけ離れているか、その冷静な現状認識が科学的人事戦略に向けた貴重な第一歩だからだ。

私たちは、数百名規模から大企業まで、あらゆる規模の企業の科学的人材活用を推進してきた。業種も、製造業からサービス業、ＩＴ業界や人材派遣や紹介業など、多岐にわたっている。

その多くがスタート地点では属人的な人事にとどまっていた。

社員の一人ひとりが見えていない、計画的な人材育成や研修制度もないという悩みを抱えていた企業が大半だ。組織やプロジェクトのメンバー配置が繁忙状況の感覚に依存していて、時間的に新規の仕事を任せられそうかというフィルターだけでメンバーを配置しているケースがほとんどなのだ。本当に適正な配置ができているのかどうか疑問を持っていたという企業も非常に多い。

職場環境や職務内容、人間関係などに従業員がどれぐらい満足しているかを知るために、定期的に社員満足度調査（ES：Employee Satisfaction 調査）を実施している会社は多いものの、その結果を十分に活かせているという例はごく一握り。職場に対する悩みや要望を記入する自由回答欄も設けながら、切々と記された内容をしっかりと分析できている会社の方が珍しい。

大量の自由回答を前に辟易し、主だった選択式の回答をExcelで集計して終わり。資料としてまとめて上司に渡しても、ろくすっぽチェックもされない。それでいて翌年もまた同様の調査が行われ、同じように処理される。うんざりする作業の繰り返しはあなたの会社だけではない。

優秀な人材、自社の風土や理念に共感した人材を採用したいと考えながら、採用基準が明確ではなく、気がつけばいつも「一緒に働きたい人」という漠然とした基準で採用をしてしまう。これもまたよくあるパターンだ。いや、日本の企業の標準といってもいいだろう。

しかし、こうした属人的なマネジメントに終始していた会社が、マーケティング視点を採り入れることで、人事部の役割が人事管理から人材情報の活用によるパフォーマンスの最大化にシフトし、見違えるように科学的な人材マネジメントを実践できるようになるのである。

社員全員のやる気を引き出したい、ITを活用して最適配置や育成を科学的に行いたいという目標を掲げて、着実な成果をあげている例は少なくない。人材情報を見える化し、さらには人事施策の結果も分析・検証・蓄積していくことでPDCAサイクルを回し、育成や配置、さらには採用業務など、どうしても定性的になりがちな人事施策の精度を上げることに成功している企業も着実に増えている。

視点を変え、発想を変え、具体的な行動に結びつけることで属人的人事から科学的人事にシフトすることは、どんな業種、どんな規模の企業であっても可能なのだ。

ただし、いずれも一足飛びの成功はない。まず自社のレベルを客観的に見つめ、目的を明確化し、目的達成のために必要なデータを見定めて収集し統合し見える化していく。そして、小さくてもいいから成功体験を積み重ねることで、目標に一歩一歩近づいていく。

この一歩こそが企業の命運を握っている。人事にマーケティング視点を採り入れ、社員を見える化することで、企業の目指す方向性と社員の成長を合わせることができる。科学的人事戦略は企業を成長させる原動力だ。

次はぜひあなたの会社が科学的人事戦略に踏み出し、独自の成功体験を作り出してほしい。

科学的人事戦略の成功を願ってやまない。

2019年4月

三室 克哉　鈴村 賢治　中居 隆

著者紹介

三室 克哉（みむろ　かつや）

株式会社プラスアルファ・コンサルティング　代表取締役社長
早稲田大学大学院理工学研究科にて、ニューラルネットワーク、画像認識、並列処理等の研究に従事し、株式会社野村総合研究所に入社。以来、AI、データマイニングを活用した、商品需要予測、優良顧客分析、GIS、WEBアクセス解析等、各種プロジェクトを多数実施。その後、コンサルティング業務での経験から、自然言語処理を活用したテキストマイニングシステムを企画事業責任者として開発。2007年、テキストマイニング、CRMのクラウドビジネス立上げを目的にプラスアルファ・コンサルティング代表取締役社長に就任。現在は、人事、採用、研修、福利厚生など、人事分野での科学的なデータ活用を実現するタレントマネジメントシステムの企画、開発を積極的に進めている。

鈴村 賢治（すずむら　けんじ）

株式会社プラスアルファ・コンサルティング　取締役副社長
中央大学理工学部卒業後、株式会社野村総合研究所に入社。システムエンジニアとしてCRMシステムや情報システムの開発経験などを経て、テキストマイニング事業に営業・マーケティング責任者として参画。日本を代表する大手企業を中心に顧客の声活用プロジェクトやデータマイニングプロジェクトを多数経験しながら、執筆・講演などの情報発信を通してテキストマイニングの認知度向上やデータマイニング技術の業務活用に努める。2007年、プラスアルファ・コンサルティングに入社、取締役副社長に就任。国内・海外でのテキストマイニング活用、データマイニングを活用したCRM/マーケティングオートメーション事業の推進、社員のパフォーマンスを最大化するためのタレントマネジメントの普及活動や科学的人事実践の手法開発など、データを“見える化”することによる新しいビジネスの創造に向け、日々全国・世界を駆け巡っている。

中居　隆（なかい　たかし）

株式会社プラスアルファ・コンサルティング　執行役員
東京大学工学部船舶海洋工学科修士課程修了後、株式会社野村総合研究所に入社。事業環境分析、研究開発管理、組織分析・診断、ナレッジマネジメントなどを担当。特に製造業・大学・研究機関の研究企画、事業戦略策定を目的とした、テキストマイニングを活かした特許・論文情報のクラウド型分析サービスの事業展開に従事。
2016年、プラスアルファ・コンサルティングに入社。多様なデータ活用、戦略策定支援の経験を活かし、タレントマネジメントをはじめ、テキストマイニング、CRMなどのクラウド型ソリューションの活用支援・コンサルティングを通じた、企業への提案、新機能・新サービスの企画開発を進めている。

「科学的」人事の衝撃

HRテックで実現するマーケティング思考の人事戦略

2019年5月2日　第1刷発行
2022年6月17日　第6刷発行

著　者――三室克哉／鈴村賢治／中居隆
発行者――駒橋憲一
発行所――東洋経済新報社
〒103-8345　東京都中央区日本橋本石町 1-2-1
電話＝東洋経済コールセンター　03(6386)1040
https://toyokeizai.net/

本文レイアウト……アイランドコレクション
装　丁…………中村勝紀（TOKYO LAND）
印　刷…………東港出版印刷
製　本…………積信堂
Printed in Japan　　ISBN 978-4-492-96157-5